MEMOIRES

D'ATHANAÏSE.

IV.

MEMOIRES
D'ATHANAÏSE,

PAR

MADAME GUENARD,

auteur d'Irma, des Mémoires de Madame la
Princesse de Lamballe, etc.

TOME QUATRIEME.

A PARIS,

CHEZ CH. POUGENS, LIBRAIRE,
QUAI VOLTAIRE, N°. 10.

1803.

MEMOIRES
D'ATHANAÏSE.

Nos troupes sont entrées victorieuses dans Berg-op-Zoom. Aux horreurs d'une ville prise d'assaut, succéda bientôt l'ordre; les vaincus, soumis à la discipline, rentrèrent dans les bornes que cet affreux délire avoit fait franchir. La saison s'avançoit, et l'hiver voyoit suspendre les maux de la guerre. La nature, dépouillée de ses ornemens, et languissante sous les frimats, n'avoit pas au moins la douleur de voir couler le sang. On prit les quartiers d'hiver, et Célicour, retrouvant quelque loisir, se plut à reprendre avec Straden ces conversations qui seules adoucissoient sa douleur; cependant il n'avoit pu encore lui ouvrir son cœur. Malheur à celui qui s'abandonne à une passion criminelle! il est privé des consolations de l'amitié; et réduit à se dévorer lui-même, il consume ses jours dans l'horreur des remords. Straden n'osoit lui rappeler sa promesse, et se contentoit d'ajouter chaque jour à sa confiance par la douceur de sa morale. Enfin, Célicour ne pouvant plus renfermer ce terrible secret, se détermina à l'apprendre à son ami. Rien n'est aussi difficile que de recevoir une semblable confidence; si on ne paroît pas étonné du désordre, on perd l'estime de celui qui en sent lui-même l'énormité; si on se laisse entraîner par l'indignation qu'il inspire, on déchire par les reproches un cœur ulcéré. Straden sut éviter l'un et l'autre excès; une grande connoissance du cœur humain lui avoit appris les ressorts dont on devoit se servir. — O mon ami, lui dit-il après avoir écouté dans le silence le plus profond cette révélation, c'est bien à présent que je sens combien mon amitié peut vous être utile. Vous êtes, je l'avoue, le plus malheureux des hommes, comme vous en avez été le plus présomptueux. Comment avez-vous pu espérer résister à une passion aussi violente, étant sans cesse avec l'objet qui l'a fait naître ? Mais rendez grâces au ciel qui a permis qu'elle ne fût pas satisfaite : ce seroit alors que je ne verrois plus aucun moyen de repos, que je ne saurois quelle consolation vous offrir. Mais vous n'avez pas avili celle dont la nature vous avoit confié la défense; elle peut encore lever les yeux sans rougir, et si vous avez brisé cette âme sensible, elle a conservé malgré vous, je n'ose dire malgré elle, le seul bien d'une femme vertueuse. Le temps, une conduite exempte de tout reproche, peut lui rendre la tranquillité. Quant à vous, mon ami, la vôtre ne tiendra qu'à la force de vos réflexions, et à l'étude constante de la philosophie. Ce n'est point en nous reportant sans cesse vers les biens qui nous échappent, mais en nous attachant fortement à ceux qui nous restent, que nous parvenons à suspendre les effets de la douleur. Vous êtes père, vous êtes soldat ; votre fils, formé par un autre vous même, fera la gloire de vos vieux jours, et la gloire, récompense de vos travaux militaires, remplira le vide immense que vous éprouvez. — Non, mon cher Straden, non, vous n'avez pas d'idée de ce que je souffre, et si la mort s'obstine à me fuir, je me jetterai au devant d'elle. — Cruel ! pourquoi donc avez-vous désiré que je fusse votre ami ? Ce n'étoit donc que pour avoir un témoin de votre douleur; c'étoit donc pour que je puisse attester à cette sœur si chère que vous étiez mort pour elle. C'est là le prix que vous réserviez à mon amitié, moi, que vous avez choisi pour porter le désespoir dans l'âme de cette infortunée. Ah! si vous réfléchissiez aux maux qu'enfante le suicide, si vous aviez pensé de combien de crimes il couvre le globe, vous en rejetteriez l'idée avec horreur. Oui, je vous le dis, et je ne cesserai de vous le répéter, c'est à ce mot si rebattu : Eh bien, je mourrai, que nous devons les désordres de tous genres qui nous environnent. Qu'importe l'univers entier à celui qui tient en sa main le moyen de s'affranchir de toutes les lois ? La prodigalité, le vol, l'assassinat, les complots, la révolte, il n'est rien où l'homme ne puisse se porter en disant : Si je suis découvert, je finirai mes jours. Heureux pour l'humanité, si, au premier des forfaits que cette morale destructive fait tenter, ces hommes qui ont éteint tout sentiment, finissoient en effet une vie qui ne peut qu'être nuisible à leurs semblables. Mais combien ont dit je mourrai, et à force d'audace, ont vécu, en marquant leurs jours par de nouveaux crimes ! Voyez cette jeune fille qui met l'honneur au rang des plus grands trésors; elle ne supporte pas l'idée de vivre déshonorée. — Oui, dit-elle à l'amant à qui elle s'abandonne, si nous sommes découverts, la mort m'affranchira de l'infamie. Cependant son secret est dévoilé, et elle ne meurt pas; mais se livrant à de nouveaux excès, elle tombe dans le dernier avilissement. Voyez cet insensé qui a perdu sa fortune en la confiant au hasard d'une carte, il cherche à la réparer aux dépends de la probité;

cependant il est prêt à mourir si l'on soupçonne sa bassesse, elle est publique, et son âme flétrie ne conserve pas même assez d'énergie pour cesser d'être ; et fuyant le lieu où il est reconnu pour fripon, il porte de ville en ville le mépris qui le suit. Voyez ce père de famille, qui, loin d'utiliser les talens qu'il a reçus de la nature, végette dans une honteuse oisiveté ; bientôt son patrimoine épuisé ne peut suffire à l'entretien de sa famille : il la voit languir dans la misère, et ne trouve d'autres moyens de l'en affranchir qu'en terminant avec lui une existence qu'il eût pu rendre honorable, s'il n'avoit pas cru qu'il lui fût permis de plonger ses enfans dans ce qu'il croit être le néant. Non, mon cher Célicour, vous ne grossirez point le nombre des insensés qui, perdant tout espoir, meurent pour n'avoir pas la peine de vivre. Vous remplirez votre tâche ; elle est pénible, mais elle n'est pas sans jouissance. — Il n'en est plus pour moi. — Parce que vous mettez votre orgueil à n'en point connoître. Cependant il en est que vous ne repoussez plus ; avant que j'eusse le bonheur de vous connoître, vous aviez même renoncé à communiquer vos pensées : toujours seul, absorbé dans vos tristes réflexions, vous croyiez que jamais l'amitié ne réchaufferoit votre cœur. Cependant vous daignez m'aimer, et je ne puis douter que les heures que nous passons ensemble ne sont pas celles que vous supportez le plus difficilement. — J'en conviens, vous avez soulevé le poids de mes infortunes ; je les sens moins, près de vous. — D'autres consolations peuvent se présenter ; mais il n'y en aura pas de plus grande que celle de ne regarder le temps que nous avons à passer sur cette planète que comme celui des épreuves. Un avenir plus digne de la portion pensante de nous-mêmes nous est réservé : là, vous retrouverez cette sœur chérie, et rien ne vous empêchera de vous livrer au sentiment que ses vertus vous inspirent. Comment peut-on aimer et croire que tout finit ? C'étoit par ces vérités de sentiment que Straden pénétroit pas à pas dans le cœur de son ami ; il rendoit compte à Athanaïse, avec la plus grande exactitude, de tout ce qui se passoit, et la certitude que son frère étoit moins malheureux lui faisoit supporter la vie.

Quand M. d'Ormont le sut dans une situation plus calme, il crut pouvoir lui répondre. Cette lettre, que Célicour conservoit avec le plus grand soin, comme le plus touchant témoignage de l'amitié, étoit conçue en ces termes :

Lettre du comte d'Ormont à Célicour.

De Célicour, le 15 novembre 1747.

Bien du temps s'est passé depuis que vous m'avez écrit, mon cher Célicour; mais je n'ai reçu la vôtre qu'à plus de deux mois de date. Depuis j'ai commencé vingt lettres, que j'ai déchirées; aucune ne paroissoit convenir au sujet que je voulois traiter. Si c'étoit l'oncle de celle que vous avez rendue si malheureuse, qui vous écrivît, il auroit porté le désespoir dans votre âme; si c'étoit votre ami, son indulgence pouvoit vous faire douter de la rectitude de ses principes. Mon cœur, partagé sans cesse entre ces deux sentimens, ne savoit s'il devoit vous haïr ou vous plaindre. Cependant l'amitié a vaincu tous mes ressentimens, et je ne puis garder plus long-temps un silence qui vous en feroit douter.

Je ne puis vous laisser ignorer que je regrette vivement que vos erreurs nous privent de votre société, qui, malgré la différence de nos âges, avoit pour moi infiniment de charme. Mon attachement pour votre père, celui que vous m'avez inspiré dès que je vous ai vu, tout m'annonçoit que je passerois les dernières années de ma vie près de vous. Hélas! vous avez tout détruit, vous avez condamné à des larmes éternelles l'objet de nos plus chères affections. Mais pourquoi vous entretenir du sujet de nos douleurs, tandis que je sais par les nouvelles que Clermont donne à sa femme, que la vôtre, dont il ignore la cause, est toujours extrême. Cependant nous avons appris avec plaisir que vous aviez un ami qui vous empêche de vous livrer à un désespoir qui combleroit la mesure de celui de votre malheureuse sœur, qui ne vit que pour l'enfant que vous aviez confié à ses soins.

Nous partons dans deux jours, c'est-à-dire, elle, ma sœur et votre fils, pour Ormont, où nous passerons l'hiver. Les souvenirs déchirans qui la poursuivent ici, et une autre raison encore, l'ont déterminée à ce voyage. J'y attends une lettre de vous ; je l'exige pour prix des chagrins que vous nous causez. Adieu, mon ami ; n'oubliez jamais que

Dieu fit du repentir la vertu du coupable ;

qu'ainsi vous avez des droits à toute notre estime par celui que vous marquez. Si je puis ce printemps faire un voyage en Flandre, j'irai vous voir, et vous répéterai que je serai toujours votre sincère ami....

D' ORMONT.

En effet, Athanaïse, fatiguée des témoignages de l'amour du chevalier d'Apremont, qui s'obstinoit toujours à lui parler d'un sentiment qui lui étoit odieux, détermina sa mère et son oncle à partir pour la Basse-Bretagne. Elle regrettoit de se séparer de sa chère mistriss; mais elle fut la première à lui conseiller ce voyage, qui pouvoir servir à la distraire. D'Apremont ne l'apprit pas sans le plus violent désespoir; mais peu importent pour une femme les douleurs d'un amour qu'elle ne partage pas.

Ormont, à deux lieues de Quimper, est bâtie sur les bords de la mer, qui en baigne les tours. Des bois et des étangs en sont le seul revenu. Rien de si magnifiquement triste que cette maison que l'hiver rendoit encore plus sombre; des appartemens commodes, mais dont les murs, de six pieds d'épaisseur, les faisoient plutôt ressembler à de vastes prisons qu'à l'habitation d'un grand seigneur, des meubles antiques, des jardins, un parc, d'une décoration analogue, tout sembloit se reporter au temps des anciens ducs; des hommes, à peine civilisés, qui se nourrissoient de pain noir, tels étoient les objets qui frappoient les regards d'Athanaïse, que le luxe et toutes ses recherches avoient environnée depuis son adolescence. Son oncle l'en avoit prévenu. — Que m'importe, disoit-elle, des jouissances que je ne puis partager avec le seul être qui me les rendroit précieuses? D'ailleurs, cette triste demeure étoit plus d'accord avec la situation de son âme; et sûre d'y être à l'abri des importunités de monsieur d'Apremont, elle s'y trouvoit mieux que dans le magnifique château de Célicour. Pour madame Amélie, elle revit avec transport le berceau de son enfance; et quoiqu'elle n'eut que six ans lorsqu'elle l'avoit quitté, elle y avoit été si heureuse par les tendres soins de sa mère, que les souvenirs touchans de son amour se présentoient à elle comme si elle étoit encore existante. Rien ne lui avoit causé une émotion aussi vive que le tombeau de cette mère si tendrement aimée ; une pierre, sans aucun ornement, couvroit ses restes précieux. Elle s'y prosterna, et collant ses lèvres sur cette tombe, elle crut sentir palpiter le sein qui l'avoit nourri. Malheur à celui qui cherche inutilement où repose l'objet de ses regrets, qui ne peut y répandre des larmes ; mais plus infortuné encore celui qui a vu, par les horreurs de la guerre civile, troubler le dernier asile de ses parens ! Est-il un culte plus touchant que celui des tombeaux ? Amélie crut devoir profiter de son séjour à d'Ormont pour faire décorer celui de sa mère. Une pyramide de marbre noir, surmontée d'une urne d'albâtre, sur le socle de laquelle étoit appuyée la piété filiale repoussant la mort, étoit le plan du mausolée, qui fut exécuté par un artiste célèbre que M. d'Ormont engagea à venir passer l'hiver chez lui.

Le sculpteur avoit amené avec lui un élève dont la figure extraordinaire étonna le comte. Il avoit une perruque mal peignée, une large emplâtre lui couvroit un œil; il étoit bossu, et avoit une jambe de bois. — Votre élève, dit M. d'Ormont, est un complément de toutes les infirmités humaines. — Oui, mais il a de grands talens ; il se rend justice, et sait qu'avec une tournure aussi désagréable, il n'oseroit prétendre à être admis à votre table ; il vous prie de vouloir bien lui faire porter ses repas dans la chambre que vous lui destinez. Le comte n'insista pas. Il avoit donné aux sculpteurs, pour atelier, une ancienne faisanderie, et souvent les dames alloient les voir travailler avec le petit Jules, que cela amusoit beaucoup. L'ouvrage n'avançoit que lentement, quoique le sculpteur travaillât assidument; mais son élève étoit malade et le secondoit mal, mais il ne manquoit jamais de se trouver à l'atelier toutes les fois qu'Athanaïse y venoit. Il la regardoit si tendrement du seul œil qui lui restoit, qu'Amélie ne put s'empêcher de dire en riant: — Je crois, ma chère amie, que tu as fait une nouvelle conquête et que Scribani (c'étoit le nom de l'élève) est malade d'amour? Athanaïse, que le seul nom d'amour effrayoit, dit — Dieu m'en garde; je crois que quelque soit l'homme qui m'aimeroit, ce ne pourroit être que pour mon malheur. — Oh! c'est pousser trop loin la frayeur que ce sentiment peut t'inspirer, et si cet infortuné pouvoit en avoir pour toi, ce ne seroit sûrement que lui qui seroit à plaindre.

Scribani venoit toutes les nuits sous les fenêtres d'Athanaïse, chanter des airs italiens, en s'accompagnant de son cystre, dont il jouoit agréablement. Athanaïse, dont le sommeil fuyoit les paupières, l'écoutoit quelquefois avec plaisir ; mais elle s'étonnoit seulement que, malgré la rigueur de la saison, il passât sous ses croisées des heures entières. — Votre élève, dit-elle au sculpteur, est un peu fou, et je ne suis pas étonnée qu'il soit malade ; il vient toutes les nuits au bord de la mer jouer du cystre. — C'est l'usage de son pays, et un Italien, dût-il ne chanter qu'aux échos, ne peut se coucher sans avoir fait de la musique. — Grand bien lui fasse ! dit Athanaïse.

Les premiers jours de février ayant ramené le soleil, on proposa une partie sur la mer pour aller à Quimper. Le jour convenu, le comte avoit fait louer une barque de pêcheur ; mais quelle fut sa surprise, en descendant sur le rivage, de trouver un yacht de la plus grande beauté, orné de banderolles aux couleurs d'Athanaïse, avec son chiffre en immortelles de toutes couleurs ! — Voilà, dit Athanaïse à son oncle, une galanterie à laquelle je ne m'attendois pas. — Ni moi non plus, répartit M. d'Ormont. — Comment, dit-elle, qui pourroit, excepté vous, mon oncle, avoir eu cette idée ? Heureusement, ici je suis à l'abri de ces attentions dangereuses. Amélie lui dit tout bas : — Te voilà bien étonnée, c'est Scribani. — Allons, soit, dit-elle en montant sur le yacht, puisque mon oncle veut que je le croye. Dès qu'on eut mis à la voile, un concert délicieux se fit entendre ; il étoit dirigé par Scribani ; mais Athanaïse n'en étoit pas moins persuadée que c'étoit son oncle qui l'en avoit chargé. On présenta aux dames des rafraîchissemens, et tout annonçoit une fête où le goût et l'amour avoient présidé. On aborda à Quimper, et dans l'auberge on trouva un salon décoré à la parisienne : une table de trente couverts servie avec la plus grande recherche ; toute la noblesse des environs, invitée de la part du comte d'Ormont, y étoit réuni e. —Voilà, dit Athanaïe, qui est bien extraordinaire ; mon oncle sait que je ne veux voir personne, et elle lui en fit de doux reproches. — Mais je vous jure, ma chère amie, que je ne sais pas pas un mot de tout ce que cela veut dire. Je n'ose, à cause de ceux que l'on a invités en mon nom, dire que je n'en avois nulle connoissance, et je crois qu'il faut mieux paroître d'accord que de faire un éclat ; il faut espérer que cette énigme s'éclaircira. — Ah ! cela n'est pas difficile à expliquer, mon cher oncle. Je suis bien touchée de vos bontés ; mais outre l'énorme dépense qu'une telle fête entraîne, vous savez que mon cœur est bien peu disposé à la joie. Cependant je ferai mes efforts pour que l'on ne voye pas l'empreinte des chagrins qui me consument. On dîna aux flambeaux, et aussitôt le dîner on passa dans une salle, où sur un théâtre dont les décorations étoient magnifiques, on joua des pièces charmantes ; on avoit fait venir les meilleurs comédiens de la province. Ce qu'il y avoit d'extraordinaire, c'est que tout étoit au nom de M. d'Ormont, à qui les basses-Brettes faisoient mille complimens et remercîmens de leur avoir procuré la connaissance de madame sa nièce, qu'elles trouvoient charmante ; et véritablement elle étoit si persuadée que c'étoit à son oncle seul qu'on pouvoit attribuer ces plaisirs, qu'elle s'y prêtoit pour lui marquer sa reconnoissance, et depuis le départ de son frère, elle n'avoit jamais été aussi belle. Le sourire erroit sur ses lèvres, et ses yeux étoient animés d'une douce gaité. Après le spectacle, on rentra dans la salle du festin, qui avoit été disposée pour le bal. La musique du yacht formoit l'orchestre. Athanaïse refusa de danser, quelques instances que l'on lui fît. Elle tenoit sur ses genoux le petit Jules, qui, fatigué des plaisirs de la journée, s'étoit endormi. On vit entrer plusieurs quadrilles de masques, qui exécutèrent des danses dignes de l'Opéra. Un des figurans, qui s'étoit fait distinguer par la noblesse de sa taille et la précision de ses pas, vint s'asseoir auprès d'Athanaïse, et lui dit les choses les plus délicates, sans cependant lui faire entrevoir qu'il étoit l'auteur de la fête. — L'amour, lui disoit-il en parlant de

Jules, dort sur vos genoux; mais comme il veille au fond de nos cœurs, n'a-t-il donc point de trait contre vous, et ne vous punira-t-il point de lui avoir coupé les ailes ? Athanaïse répondit avec réserve, mais cependant avec la familiarité avec laquelle on traite les masques, et croyant que c'étoit un gentilhomme voisin d'Ormont, qui y étoit venu quelquefois ; elle lui fit des plaisanteries sur ses amours avec une basse-Brette dont l'aimable vivacité auroit fait tourner la tête au plus sage. Le masque lui dit qu'elle se trompoit, qu'il n'étoit pas Breton. Dans ce moment, ses compagnons lui firent signe que l'on alloit exécuter une autre entrée. Il se lève, et danse avec encore plus de supériorité que la première fois. Il sortit, laissant Athanaïse fort inquiète qui pouvoit être ce masque.

On se rendit au port en quittant le

bal, et l'on trouva pour les dames des bains préparés et des lits. Athanaïse brûloit d'impatience d'être seule avec sa mère. — Comprenez-vous, lui disoit-elle, que mon oncle, pardonnez-moi le terme, ait fait une semblable folie ? Cette fête-là coûte mille louis et plus, et à quoi bon ? — Il m'a juré que ce n'étoit pas lui, et qu'on s'étoit servi de son nom. — Mais qui ce peut-il être ? — Je ne sais, à moins que ce ne soit ton frère, qui aura voulu te distraire un moment. — Je ne le crois pas ; Célicour est naturellement jaloux, et sûrement il n'auroit pas cherché à me faire voir à toute la noblesse de ce canton, surtout ne pouvant être auprès de moi. Je suis bien sûre que s'il apprend que j'aie été à une fête, il sera profondément affligé, et je ne vous cache pas que c'est autant pour ménager sa sensibilité que par goût que je fuis toute société;

société; mais si vous êtes bien assurée, ma mère, que ce n'est pas mon oncle, il est très-essentiel de savoir qui ce peut être. Il me semble que ce sera facile, en priant M. de *** de le demander à son élève, qui, ayant dirigé la musique, doit en être instruit. — Peut-être vaudroit-il mieux que ton oncle le demandât directement à Scribani, pour ne pas ébruiter une chose aussi extraordinaire.

M. d'Ormont, à qui sa sœur en parla à leur retour, fit prier Scribani de venir dans son cabinet. Il s'y rendit en traînant sa malheureuse jambe. — Oune flouxioné que j'ai gagné sour la mer mé cause des douloures insupportables. Pardon, monsignor, si je tiens mon mouchoir sour ma joue; mais lé moindre coup dé vent mé causeroit dé rage intoulérable... En effet, il se cachoit le visage : autant auroit valu qu'il eût un masque. — Peu m'importe, lui dit le comte d'un ton sévère, que vous ayez ou non votre mouchoir sur la joue, mais il m'importe beaucoup de savoir quel est l'insolent qui a osé donner une fête à ma nièce, qui s'est servi de mon nom pour inviter tous mes voisins, et m'a contraint d'y rester par cette ruse, pour ne me pas faire autant d'ennemis qu'il y avoit d'hommes et de femmes priés à cette fête, à qui il n'a manqué que d'être donnée par quelqu'un qui osât se nommer. — J'ai cru que c'étoit Monsignor qui la donnoit à Milady. — Vous avez cru, et comment étoit-ce vous qui dirigiez la musique? — Oh! la mousique, Monseignor, je ne la dirigeois pas, j'y faisois pétitément ma partie. — Vous la dirigiez, j'en suis sûr, et ne cherchez pas à mentir. — Jé né mens point, M. le comte ; jé souis oun pauvre artiste, mais j'ai dé l'honnoure, et souis incapable de vous tromper; le respect que je dois à la plus belle femme que j'aie vue.... — Tout cela ne signifie rien; mais il faut m'avouer qui a donné cette fête, ou partir sur-le-champ. — Je pouis partir, Monsignor, mais non dire ce que je ne sais pas. — C'est votre dernier mot? — Oui, Monsignor. — Eh bien, disposez-vous à quitter Ormont dans deux heures. — Dans l'instant, si vous le voulez... C'est la piou grande injousticia!... E so un infelice..... Il sortit du cabinet du comte, qui repassa dans le cabinet de sa nièce, pour l'instruire du peu de succès qu'il avoit eu.

Scribani, craignant d'être découvert, prit aussitôt le chemin de Paris, ou du moins parut le prendre. On n'osa pas porter plus loin les recherches, dans la crainte du ridicule que cela auroit donné à M. d'Ormont vis-à-vis de ses voisins.

Le sculpteur se plaignit d'avoir perdu son élève. — Pour l'ouvrage qu'il faisoit, lui répondit Amélie, je crois qu'il vous sera facile d'en retrouver un autre, ou de vous en passer.

Cependant la renommée publia la belle fête de Quimper, et les gazettes en portèrent les détails jusqu'en Flandre. Célicour ne put les lire sans éprouver la plus affreuse jalousie. En vain Straden chercha à calmer son âme, en lui faisant remarquer qu'on y disoit expressément que cette fête avoit été donnée par M. d'Ormont à sa nièce. — Non, mon ami, disoit Célicour, ce n'est pas un oncle qui donne de pareilles fêtes, et surtout M. d'Ormont; il n'est pas homme à jeter ainsi des sommes considérables par la seule vanité de faire vanter sa magnificence : il n'est qu'un amant. Que tout ce qui respire adore Athanaïse, je n'en suis pas surpris ; mais qu'elle s'y soit prêtée, qu'elle en ait fait les honneurs, voilà ce que je ne puis supporter, tandis qu'elle sait que je meurs de douleur. O mon ami ! toutes les femmes sont donc les mêmes ! la vanité leur fait tout sacrifier. Athanaïse, Athanaïse ! je ne l'aurois jamais imaginé. Ce fut inutilement que Straden chercha à calmer cet orage ; il éprouva toutes les horreurs de la jalousie, et dans ses transports il écrivit à M. d'Ormont.

Lettre de Célicour à M. d'Ormont.

De Louvain, ce 27 mars 1748.

« Je ne comptois plus vous fatiguer de mes inutiles regrets, et fortifié par les leçons d'un sage, je commençois à espérer le repos, mais il n'en est plus pour moi.... Ce n'est donc pas assez de m'avoir banni de sa présence.... de m'avoir condamné à mourir lentement, en m'ordonnant de vivre. Elle a fui les champs qui auroient rappelé mon souvenir... elle est allée dans d'autres lieux pour y faire d'autres conquêtes.... Elle étoit sûre de l'effet de ses charmes : ce n'est pas d'aujourd'hui qu'elle en connoît le pouvoir... Insensé que j'étois ! je l'adorois à l'égal de la divinité, dont je n'avois repris la croyance que pour espérer d'être réuni dans son sein à celle qui m'oublie. Je la croyois supérieure à son sexe. Je croyois qu'un sentiment malheureux, il est vrai, mais qui ne coûtoit rien à sa vertu, puisque mon absence en assuroit le triomphe, pouvoit suffire à son cœur.... Ah ! je ne savois pas que la vanité, l'envie de paroître belle à d'autres yeux que les miens, feroient évanouir ces promesses tant de fois répétées de ne vivre que pour moi.... Elle reçoit les hommages

d'un autre que moi.... elle l'aimera....
Que dis-je ? elle l'aime déjà... Quel
est l'homme qui auroit osé.... Mais
vous, M. le comte, comment avez-
vous pu prêter votre nom....? Mais
qu'il tremble, ce rival audacieux, qu'il
renferme son secret sous le sceau du
mystère. Si je le connoissois, rien, rien
ne pourroit le soustraire à ma vengeance, et j'irois dans son cœur éteindre
une flamme qui m'outrage. Malheureux
que je suis ! oserai-je me plaindre? quels
sont mes droits ? Ceux que j'ai acquis
par mes souffrances. Non, non, je ne
supporterois pas qu'elle fût heureuse
par un autre. Ah ! prenez pitié d'un insensé qui ne se connoît plus.... L'enfer
est dans mon cœur, et je n'avois jusqu'à
présent connu que les moindres des
maux que peut causer l'amour. »

Cette lettre, que Célicour fit partir

sans que Straden le sût, arriva à Ormont au moment où Athanaïse étoit encore tremblante de l'effroi que lui avoit causé le faux Scribani ; car on se doute bien que ce personnage extraordinaire n'étoit rien moins que l'élève du sculpteur. Au lieu de prendre le chemin de Paris, connoissant parfaitement les détours du vieux château d'Ormont, il se cacha dans une tour que l'on n'habitoit pas, parce qu'elle menaçoit ruine. Elle donnoit sur le parc, et au travers des créneaux où croissoient des arbustes dont les branchages laissoient voir sans être vu, il jouissoit de la stérile satisfaction de contempler celle qu'il adoroit. Le sculpteur, qui étoit dans sa confidence, lui apportoit à manger dans cette prison, où il se condamnoit à demeurer par excès d'amour. Cependant le mausolée étoit fini ; on devoit le poser sous peu de jours, et il n'y avait plus aucun prétexte pour que M. de *** prolongeât son séjour à Ormont sans donner des soupçons de leur intelligence. Il dit donc à Scribani, ou du moins à celui qui en portoit le nom, qu'il falloit qu'il se décidât à partir, et que surtout il évitât que jamais on pût se douter qu'il avoit eu pour lui une complaisance qui sûrement le compromettroit. — Partez, lui dit cet insensé, moi je reste. Laissez-moi des vivres pour quelques jours... Lorsque vous ne serez plus ici, on ne vous accusera de rien, et je pourrai me découvrir sans nul danger pour votre réputation. Vous m'effrayez, dit le sculpteur : comment consentirais-je ? — Consentez-y, lui répondit-il avec l'accent du désespoir, ou je me brûle la cervelle à vos yeux. Il n'insista pas, et après lui avoir apporté ce qu'il avoit demandé, il le quitta. Ses travaux finis, il prit congé du comté et de ces dames, qui ne crurent pas devoir lui reparler de son élève, qu'elles croyoient tout au plus le confident du magnifique inconnu.

Trois jours se passèrent après le départ de M. de ***, et le faux Scribani ne descendit pas de son donjon. Mais enfin voyant que ses provisions tiroient à leur fin, il résolut de se faire connoître. Il savoit que M. d'Ormont étoit absent de la veille, et que ces dames étoient seules. L'appartement d'Athanaïse étoit assez éloigné de celui de sa mère, et excepté Julie et son neveu, qui avoit trois ans, personne ne couchoit auprès d'elle. Scribani, pendant qu'il habitoit le château, s'étoit procuré une double clef de la chambre d'Athanaïse, mais il n'avoit jamais osé en faire usage. Enfin décidé à mourir ou à obtenir l'objet de ses vœux, il atrend que tout soit livré au plus profond sommeil. Descendant de la tour, il se rend à la porte de la chambre de madame de Walmore, qu'il ouvre sans faire le moindre bruit. Elle reposoit sous la garde de l'innocence; une lampe étoit posée près de son lit, dont les rideaux étoient entr'ouverts, et quoique ses yeux fussent fermés par le sommeil, elle étoit d'une beauté ravissante. Il demeura quelque temps saisi d'admiration et de respect. Jules, le petit Jules, dormoit auprès d'elle, un bras passé autour de son col et la tête appuyée sur son sein. — Qu'il est heureux ! s'écria-t-il malgré lui. Cette exclamation, que la violence de la passion lui arracha, réveilla Athanaïse, qui fut très-effrayée de voir un homme la nuit dans sa chambre. Elle ne le reconnut pas au premier abord pour M. d'Apremont; car il faut enfin dire que c'étoit lui qui, sous le nom de Scribani, avoit suivi ses pas au fond de la Bretagne. Le premier mouvement de madame de Walmore fut de vouloir tirer le cordon de sa sonnette ; il la prévint en lui arrêtant le bras d'une main, et de l'autre tira un pistolet. — Ne craignez rien pour vous ; mais je vous jure que c'est fait de ma vie si vous appelez des témoins...... Je vous le répète, vous n'avez rien à craindre, et vous devez reconnoître un malheureux qui ne vient ici que pour recevoir l'arrêt de sa mort. — Quoi ! Monsieur, c'est vous ! et c'est par de tels moyens que vous espérez toucher un cœur dont je vous ai dit que je n'étois plus maîtresse, mais qui, s'il étoit libre, n'en seroit pas moins irrité d'une conduite aussi extraordinaire ! — Ah ! Madame, vous devez me savoir quelque gré de la modération de ma conduite ; pensez que depuis trois mois je vous vois tous les jours, et que je ne me suis pas permis de vous dire un seul mot. — Vous étiez ici? — J'avois pris tous les moyens de me dérober à vos regards, et ce Scribani... — C'étoit vous? — Moi-même. — A quelle folie votre passion vous a entraîné ! Est-ce vous aussi qui m'avez donné cette fête ? — Ah ! ne m'enviez pas le seul instant de bonheur dont j'ai joui ; j'ai vu éclaircir ce nuage de tristesse qui voile vos charmes sans les rendre moins séduisans ; j'ai surpris un sourire, et lorsque je vous parlai sous le masque, vous ne me traitâtes pas avec cette sévérité que vous m'avez toujours marquée dès que vous avez pu vous appercevoir de mon amour. Ah ! si vous connoissiez mon cœur, vous sauriez combien il vous adore.... Il continuoit toujours de tenir les mains d'Athanaïse, et de l'autre l'arme meurtrière. — Cesserez-vous enfin, Monsieur, de lasser ma patience ? Je ne voudrois pas causer votre mort; mais enfin votre délicatesse ne vous fait-elle aucun reproche de profiter de ma trop grande bonté ? croyez-vous que je ne pourrois pas appeler ? — Vous en êtes la maîtresse, et il posa le bout du pistolet sur son cœur. Elle vit bien alors qu'il n'y avoit d'autres moyens que celui de la douceur pour empêcher une scène sanglante. — Mais que voulez - vous ? que prétendez - vous ? — Etre à vous pour la vie. Vous m'avez dit qu'un obstacle insurmontable vous séparoit pour toujours de celui que vous avez aimé, ne m'est-il donc pas possible d'espérer que je pourrois vous le faire oublier, et qu'en devenant votre époux vous trouveriez, dans des liens que l'honneur approuve, quelques douceurs ? — Eh bien, Monsieur, puisque vous voulez pénétrer la cause de ma douleur, sachez que je ne dépends pas de moi, et que je ne puis, par des raisons qui seroient ici trop longues à vous détailler, me marier sans l'aveu de mon frère. Obtenez-le, et ensuite nous verrons. — Ah ! si ce n'est que son aveu que vous exigez, je suis le plus heureux des hommes. Je l'aurai, Madame, et reviendrai mettre à vos pieds ma fortune; et sans donner le temps à Athanaïse de répondre, il sort à l'instant. Elle sentit moins la joie d'être délivrée d'un aussi grand péril, que les maux qu'elle pouvoit craindre par la manière dont elle en étoit sortie. Athanaïse sonna aussitôt. Julie fut très-alarmée du trouble où elle trouva sa maîtresse; mais accoutumée à n'être jamais admise dans aucun de ses secrets, malgré les bontés qu'elle lui témoignoit, elle n'osoit lui en demander la cause. — Je vais me lever, dit-elle d'un ton de voix fort altéré; je vais parler à ma mère. Dès que je serai chez elle, vous éveillerez mes gens : j'ai entendu dans la tour du parc un bruit extraordinaire.

En disant cela elle se lève, s'habille, et passe chez Amélie, tenant dans ses bras le petit Jules, qui n'avoit pas été réveillé. Amélie fut bien surprise en voyant entrer sa fille, mais dès que Julie fut sortie, elle lui apprit les nouveaux chagrins qui l'accabloient. — Ah ! ma mère, dit-elle, ne perdons pas de temps ; écrivez à mon frère, rendez-lui compte de tout ce qui s'est passé, et si le chevalier a l'audace de lui parler, qu'il me délivre de lui par un refus formel. — Mais ne crains-tu pas que ton frère ne tire vengeance de cette insulte ? — Hélas ! je le crains ; mais pourrois-je supporter l'idée qu'il me crût capable de former d'autres nœuds, et pouvois-je autrement me délivrer d'un forcené qui, dans le délire où il étoit, se seroit tué dans ma chambre. Ah ! je ne puis exprimer l'horreur que cette idée m'a causée : un mot, un cri, et le malheureux faisoit jaillir son sang sur moi. J'en serois morte d'effroi. Je ne sais si je devois me conduire différemment, mais je n'en ai pas eu le courage ; il pouvoit ne tenir ces discours que pour m'effrayer, mais aussi il pouvoit effectuer sa menace. Ah ! faites partir un courier, je vous supplie ; écrivez à mon frère, et surtout dites-lui que je ne veux pas qu'il tire d'autre réparation de cette injure que d'assurer le chevalier que jamais je ne serai à lui. Julie rentra chez madame Amélie, et dit à ces dames que l'on avoit été dans la tour du parc, où l'on n'avoit trouvé personne, mais qu'il paroissoit certain que quelqu'un s'y étoit retiré ; qu'il y avoit un lit de camp, les restes d'un souper, des bouteilles vides, une lampe éteinte, du papier, une écritoire; mais ce qui étonnoit le plus, étoit que toutes les portes du château avoient été toutes ouvertes en dedans et refermées seulement au pêne. Ce qui faisoit croire que celui qui étoit dans la tour étoit sorti en tirant seulement les portes sur lui; que l'on battoit le parc pour tâcher de le trouver, qu'au surplus on n'avoit rien volé. — Il est déjà parti. Ah, mon Dieu! ma mère, hâtez-vous, je vous en conjure; et elle donna ordre à son valet de chambre d'être prêt à partir pour Louvain. Madame Amélie écrivit à Célicour, dans le plus grand détail, tout ce qui s'étoit passé. Le courrier fut prêt et partit. Au même moment, on dépêcha un autre courrier à M. d'Ormont, qui revint dans la matinée. Il fut profondément affligé de cet événement, et tâcha de dissimuler à sa nièce les inquiétudes qu'il éprouvoit, mais il en avoit d'extrêmes. Connoissant toute la violence du caractère de Célicour, il ne doutoit pas que cela ne finît d'une manière infiniment tragique; et tandis qu'ils s'entretenoient de la continuité des malheurs qui accabloient Athanaïse depuis sa naissance, on apporta les lettres: l'écriture de Célicour frappa sa sœur. — Eh! mon Dieu! dit-elle, c'est lui qui vous écrit: voyez promptement ce qu'il vous mande. Le comte brisa le cachet; et ne pouvant commander à l'effroi que cette lettre lui causoit dans la position actuelle, sa nièce ne douta pas qu'il ne fût arrivé quelque malheur à son frère. — Est-il blessé?... Mon oncle, montrez-moi vite ce qu'il écrit, je vous en conjure. — Non, il se porte bien. — Ah! vous ne pouvez pas vous faire une idée de tout ce que je souffrirai si vous n'avez pas cette bonté; mon imagination me présentera tous les maux.... — Mon enfant, je crains bien que ma complaisance ne vous soit funeste, et il lui donna la lettre. Dès les premières lignes, Athanaïse fut frappée d'un effroi qui ne lui laissa pas la force d'achever.... Elle se jeta dans les bras de sa mère, qui continua cette triste lecture. — Mon oncle, que je suis malheureuse! — Je ne vois qu'un moyen, dit M. d'Ormont, je vais partir pour Louvain; mais comme je ne veux pas vous laisser seule ici, il faut en même temps que vous repreniez la route de Normandie : sûrement le chevalier n'y est pas. D'ailleurs, je crois qu'il seroit bien fait d'avertir sa mère de ses extravagances : c'est un moyen de le contenir. Athanaïse fut pénétrée de reconnoissance des bontés de son oncle. On prépara tout pour le départ, et ils prirent chacun la route de leur destination. Rien n'étoit comparable à l'agitation d'Athanaïse : combien elle regrettoit que la bienséance de son sexe ne lui eût pas permis de suivre son oncle ! que le temps nécessaire pour l'arrivée d'un courier paroissoit long !

Athanaïse et sa mère firent la route sans s'arrêter. En arrivant à Célicour, elles causèrent une bien agréable surprise à Mistriss et à sa famille ; mais leur joie se changea bientôt en tristesse, quand cette tendre amie vit sur le front d'Athanaïse l'empreinte des tourmens qui la déchiroient. Elle la serra contre son cœur, et lui demanda quels nouveaux malheurs avoient encore accablé son âme. — Ils sont au-dessus de mes forces, et jamais votre amie n'a été aussi infortunée ; et Amélie en traça en peu de mots le tableau à Mistriss, qui en fut pénétrée de douleur.

Henriette n'étoit point descendue pour recevoir les amis de sa mère,

Depuis deux jours, elle éprouvoit des souffrances qui annonçoient qu'elle alloit bientôt donner à mon père un nouveau gage de son amour. On convint de ne pas lui laisser pénétrer la cause du retour précipité de ces dames, qui ne paroîtroient au contraire ne l'avoir hâté que pour assister à ses couches. C'étoit madame Amélie et son frère qui devoient nommer l'enfant dont elle alloit accoucher. Athanaïse ayant été marraine de Lise avec sir Walmore, cet empressement fut très-agréable à ma mère, qui, dès le même soir, me donna le jour *. Ce fut au milieu des alarmes de mes bienfaiteurs que je fis les premiers pas dans le pénible chemin de la vie. Je n'ai, depuis quarante ans, connu d'autre

---

* Charles Walmore, auteur de ces Mémoires, est né à Célicour, le premier avril 1748.

malheur que ceux de leur perte, et les soins que je prends à recueillir jusqu'à leurs moindres actions est un hommage que je dois à la reconnoissance.

A peine le chevalier d'Apremont étoit sorti de la chambre d'Athanaïse, qu'il avoit gagné une brêche du parc qui donnoit sur la grande route ; il se rendit à une auberge, où un valet affidé avoit reçu l'ordre, depuis le départ du sculpteur, de lui tenir toujours deux chevaux scellés et bridés. Ils s'élancent dessus, et les menant ventre à terre, ils firent vingt lieues ; enfin, quand il sentit que ses chevaux ne pouvoient fournir une plus longue carrière, il prit la poste, et fut à Louvain avant le quatrième jour, et plus de douze heures avant l'arrivée du courier de madame Amélie. En descendant de cheval, il s'informe où demeure Célicour, et sans se donner le temps de quitter ses éperons, il arrive chez le frère d'Athanaïse, qui se trouvoit seul en cet instant. — Je ne sais, lui dit-il en entrant, si vous reconnoissez un de vos voisins qui n'a pas eu l'honneur de vous voir depuis plusieurs années. — Je crois, lui dit Célicour, que vous êtes M. d'Apremont. — Oui, c'est moi-même. — Vous étiez en Canada lorsque je suis arrivé à Clerville, et vous n'en étiez pas encore de retour lorsque je suis parti pour l'armée. Pardon, si je ne vous ai pas remis à l'instant; mais à votre âge, six ans font un grand changement. — Tout ce que j'ai souffert encore plus; car rien n'est comparable aux tourmens que j'endure depuis six mois, mais il ne tiendra qu'à vous d'en effacer jusqu'à la trace. — A moi? dit Célicour d'une voix altérée, présageant déjà ce que le chevalier venoit lui dire. — Oui, Monsieur, de vous seul dépend mon bonheur.

heur. J'adore votre sœur, ma naissance, ma fortune, qui est immense par la mort de mon oncle, et, plus que tout cela, ma tendresse pour elle, ne vous laisseront pas, à ce que j'espère, de prétexte pour refuser votre aveu, que madame votre sœur m'a chargé de vous demander. — Ma sœur ! reprit Célicour avec l'accent de la fureur, ma sœur a consenti... — Elle n'attend que votre aveu, vous dis-je. — Eh bien, elle ne l'aura pas. — Eh ! quelle raison, s'il vous plaît ? — Aucune que ma volonté. — Vous le prenez sur un ton bien haut: j'ai consenti à ce que vouloit celle que j'adore, et à qui j'ai le bonheur de plaire, en faisant une démarche inutile ; elle est majeure, et nous nous passerons bien de votre aveu. — Non, non, vous ne vous en passerez pas, imprudent jeune homme ! — Si. Vous croyez, reprit avec feu d'Apremont, que quelques difficultés de fortune suspendent mon bonheur ; je vous déclare que je n'en veux aucune des partages à terminer entre vous et madame votre sœur : j'abandonne tout, et ne veux que son cœur. — Je n'ai point de compte à vous rendre des raisons qui font que je m'oppose à son mariage ; mais je vous répète qu'il ne s'achèvera pas, et avec vous moins qu'avec tout autre. — Moins qu'avec tout autre, Monsieur ? — Eh bien, Monsieur ? — Mais vous voulez donc m'insulter ? — Je veux que vous terminiez un entretien qui commence à m'ennuyer. — Il est un moyen prompt de le finir. — Ah ! quand vous voudrez... tout à l'heure ; il y a long-temps que la vie m'est à charge... Parlons bas, rendez-vous dans les fossés de la citadelle ; j'y suis aussitôt que vous. Mes pistolets sont à l'épreuve ; vous choisirez celui que vous voudrez. Adieu, je vous attends ; cela ne sera pas long. Mais avant d'aller au rendez-vous, Célicour, bouillant de rage, écrivit ces seuls mots à Athanaïse.

A Louvain, le 25 avril 1748.

« Quand vous recevrez ce billet, je ne serai plus, ou celui qui a eu le malheur de vous plaire : si c'est moi qui lui survit, jamais vous ne serez instruite de mon sort, jamais vous ne jouirez du spectacle de ma douleur. Puisse la vôtre égaler la mienne ! Il me restera la douceur d'en être la cause. »

Il cacheta ce billet, et y mit l'adresse d'Athanaïse avec la plus apparente tranquillité, le remit à Clermont avec ordre de le faire partir sur-le-champ par la poste ; puis il gagna le rendez-vous où d'Apremont étoit déjà. Ils arment leurs pistolets, et s'éloignant de dix pas, ils tirent en même temps. D'Apremont tomba sous le coup du frère d'Athanaïse. Célicour ne fut point atteint ; il remonta à cheval et partit comme un trait.

Cependant Straden, qui étoit à la promenade dans la campagne, rentra et demanda à Clermont où étoit son maître. — Il est sorti il y a environ une heure. Un de ses voisins est venu le voir ; quand il l'a quitté, il a écrit à Milady, et m'a chargé de faire partir la lettre. Je viens de la mettre à la poste. Straden fut fort inquiet de cette lettre ; il savoit que Célicour n'écrivoit pas à sa sœur. Il n'ignoroit pas la jalousie qui le dévoroit ; tout lui fit craindre qu'il n'eût pris un parti violent, d'autant que les pour-parlers de paix, qui prenoient chaque jour plus de consistance, malgré le blocus de Maëstricht, pouvoient lui donner plus de liberté de quitter l'armée. Il y avoit plusieurs jours qu'il n'avoit eu des nouvelles d'Ormont; son attachement pour cette famille lui rendoit leurs intérêts aussi chers que les siens. Deux heures se passèrent, Célicour ne revint point. Cependant la nouvelle d'un combat se répand; on a trouvé un jeune homme dans les fossés, baigné dans son sang, l'épaule fracassée d'un coup de pistolet, et on ne sait qui il est; et comme il est sans connoissance, il ne peut dire avec qui il s'est battu. Mais à la parade, ne voyant pas paroître Célicour, on n'a point de doute que c'est lui qui est le meurtrier. On interroge ses gens, on les confronte avec le blessé; Clermont reconnoît M. d'Apremont, mais se garde bien d'en convenir. De retour, il confirme Straden dans ses tristes soupçons, en lui disant que le blessé est bien celui qui étoit venu chez son maître avant qu'il sortît;

que c'étoit un voisin de Célicour, et que ce qu'il y avoit de plus triste, c'est que l'état de M. d'Apremont étoit presque sans espérance, ajouta Clermont. Mais mon maître est parti seul, je vais le rejoindre. — Et comment le pourrez-vous ? — Cela ne sera pas bien difficile: M. le marquis est sur son cheval ; celui que je monte est toujours à côté de lui dans l'écurie. Ces animaux s'aiment comme deux frères ; je vais sortir de la ville, je mettrai la bride sur le col de mon cheval, et soyez sûr qu'il suivra la route que son camarade aura prise. J'irai jusqu'à ce que je le rencontre, et si je suis assez heureux, comme je n'en doute pas, pour réussir, je vous en donnerai des nouvelles, que vous ferez passer à ces dames. Je suis certain qu'il n'a pris aucune précaution, qu'il est sans argent ; il a laissé la clef à son secrétaire, je vais l'ouvrir devant vous. Il s'y trouva cinq cents louis, quelques bijoux de prix, et le portrait de la sœur de Célicour. Il prit l'or, les bijoux et le portrait en présence de Straden, et lui en remit sa reconnoissance; puis il monta à cheval et partit. Straden ne savoit quel parti il devoit prendre; il n'osoit s'informer des nouvelles du chevalier d'Apremont, dans la crainte de changer en certitude les soupçons qu'on avoit sur Célicour. Cependant, le courier de madame Amélie arrive, et demande une prompte réponse. Straden n'ose la lui faire, et le force d'attendre, sous prétexte que Célicour étoit allé sous les murs de Maëstricht. La nuit venue, point de nouvelle; Straden étoit désespéré.

Cependant, le maréchal de *** lui fit dire de venir chez lui. — Eh bien, lui dit-il, qu'est devenu Célicour? quelles raisons l'ont fait disparoître?

— Je ne le sais pas, Monseigneur. — Ah! cela n'est pas possible; il avoit une entière confiance en vous. On assure que le jeune homme qu'il a presque tué avoit été chez lui le matin ; vous devez être instruit du sujet de la querelle. — En aucune façon; je ne sais point si M. de Célicour s'est battu. J'étois sorti de très-grand matin, et quand je suis rentré il étoit parti. — Ce qui m'afflige, ajouta le maréchal, c'est qu'on ne peut savoir le nom du blessé; il est toujours au plus mal, la connoissance lui est revenue, mais non la parole. Il ne s'est trouvé aucun papier qui indiquât même la province dont il est : on juge cependant que c'est un homme de bonne compagnie ; il a de très-beau linge, de l'or, quelques bijoux précieux, entre autres le portrait d'une des plus belles femmes que j'aie vues. Il étoit arrivé le matin à franc étrier, absolument seul ; il donnoit un écu par guide. Il paroît qu'il venoit du côté de Brest, et que le seul but de son voyage étoit pour venir se battre. J'ai recommandé à mes chirurgiens d'en avoir le plus grand soin ; s'il ne meurt pas de ses blessures, ce qu'ils ne peuvent assurer, je tâcherai d'arranger tout ceci. Je serois bien fâché que Célicour fût perdu ; car malgré l'originalité de ses manières, il n'y a pas un plus brave officier dans l'armée ; il s'est conduit en héros en mille occasions. Assurez-le que je me chargerai d'assoupir cette affaire. — Monseigneur, je vous jure que je ne sais pas la route qu'il a prise ; mais si je puis la découvrir, j'irai le rejoindre, et lui ferai part de vos bontés. Straden ne se coucha pas de la nuit, et à la pointe du jour il entendit une chaise d'eposte à la porte de Célicour. Il crut un moment que c'étoit lui qui revenoit ; mais quelle fut sa surprise d'en voir descendre le comte d'Ormont ! il se hâte de le joindre. — Savez-vous, M. le comte, où est Célicour ? lui dit - il en arrivant. — Mon Dieu non ; j'arrive d'Ormont : est - ce qu'il n'est pas ici ? Straden fit entrer M. d'Ormont, et l'instruisit de tout ce qui s'étoit passé. — Faites-moi conduire sur-le-champ dans la maison où est le blessé ; je suis bien persuadé que c'est ce malheureux chevalier d'Apremont. — C'est lui - même, Clermont l'a reconnu. — Le maréchal est - il ici ? — Oui, Monsieur. M. d'Ormont y alla. M. de ***. eut une joie infinie de revoir son ami, qui lui apprit le nom de celui avec qui Célicour s'étoit battu. — Mais en savez - vous la raison ? — Hélas ! je me l'imagine. — C'est quelqu'aventure de femmes. Cependant, je croyois Célicour tout occupé du souvenir de la sienne. A propos, connoîtriez-vous ce portrait? Le comte fut indigné en voyant que c'étoit celui de sa nièce. Alors il se décida à donner à cette affaire la seule tournure qui pouvoit la rendre moins fâcheuse pour la réputation d'Athanaïse; et, dissimulant la véritable cause du combat, il raconta au maréchal, dans le plus grand détail, tout ce que la passion la plus insensée avoit fait faire au chevalier, et que ne sachant comment se délivrer du danger où elle étoit exposée, sa nièce s'étoit servi du nom de son frère, à qui en même temps elle avoit écrit pour le prier de refuser son consentement. — C'est ce refus, ajouta-t-il, et les reproches que Célicour lui aura faits, qui auront causé cette querelle; mais vous voyez, Monsieur le maréchal, que c'est d'Apremont qui est seul coupable. Je vous prie en grâce de me remettre le portrait de madame de Walmore; il ne se l'est procuré que par des moyens indignes d'un galant homme. Le maréchal, quoiqu'il eût la passion des femmes, avoit un profond respect pour celles qui étoient vertueuses; il fut indigné contre le chevalier, et dit au comte que ce seroit lui qui disposeroit de son sort. — Je ne veux pas le perdre, dit M. d'Ormont; tout ce que je demande, c'est qu'il ne puisse plus troubler la tranquillité de ma nièce. — Nous en trouverons les moyens, s'il en revient, mais il n'y a pas à le présumer. Cependant, je le voudrois pour Célicour; car il sera bien plus facile d'assoupir l'affaire. Le comte, tranquille au moins pour la réputation de sa nièce, et pénétré du tendre intérêt que le maréchal lui avoit témoigné, revint trouver Straden, pour se consulter sur ce qu'il y avoit à faire. Il commença par renvoyer le courier à Célicour, avec défense de dire ce qu'il avoit appris, et le chargea d'une lettre pour sa sœur, où il l'assuroit que tout avoit pris la tournure que sa nièce désiroit ; que le chevalier ne l'importuneroit plus de son fol amour ; que le Maréchal, qu'il avoit cru nécessaire d'instruire, alloit obtenir un ordre de la cour pour le faire repasser au Canada ; que Célicour se portoit bien et paroissoit plus calme. Il dépêcha un autre courier à Ormont pour recevoir les lettres qui y étoient arrivées, afin que celle de Célicour à sa nièce ne lui parvînt pas.

Toutes ces précautions prises, il resta chez le maréchal, qui l'avoit prié de ne point prendre d'autre logement que le sien, pour savoir ce que deviendroit le chevalier, qui enfin recouvra la parole, mais ne savoit où il étoit. Quand les chirurgiens eurent assuré qu'il étoit sans danger, monsieur d'Ormont lui fit demander s'il ne pourroit pas le voir; ce qu'il accepta avec la plus vive reconnoissance, croyant que c'étoit par intérêt pour lui qu'il avoit entrepris ce voyage. — Ah! mon cher comte, lui dit-il, vous voilà! quel bonheur pour moi! est-ce madame votre nièce qui vous a prié de venir? serois-je assez fortuné pour qu'elle daignât prendre à moi un aussi vif intérêt? — Le hasard m'a conduit ici, monsieur le chevalier, et je n'ai pas voulu en partir sans être assuré de votre parfaite santé; ma nièce ignore que vous vous soyiez battu. — Et pouvois-je faire autrement? si vous vous aviez vu avec quelle hauteur M. de Célicour m'a traité! — Vous n'en deviez pas être surpris: lisez, Monsieur.... et il lui présenta la lettre que sa sœur avoit écrite à Célicour, et qu'il vouloit toujours que l'on crût arrivée avant le combat, pour en cacher la véritable cause. Le chevalier fut confondu ; il se plaignit de la trahison d'Athanaïse. — Je ne justifie pas entièrement ma nièce ; mais vous, Monsieur, descendez au fond de votre cœur, et jugez-vous. Quel parti pouvoit-elle prendre contre un furieux qui, manquant à toutes les lois de l'hospitalité, osoit entrer de nuit dans sa chambre, armé d'un pistolet? Je vous préviens que le maréchal est instruit de tout, et qu'il m'a dit de vous conseiller de repartir pour le Canada, et de délivrer une famille, où vous avez porté le désespoir, d'un voisinage aussi dangereux que le vôtre. Je vous laisse réfléchir à ce conseil, que je vous crois trop prudent pour ne pas suivre, et il le quitta. D'Apremont vit bien qu'on le traitoit avec indulgence ; et ne voulant pas irriter une famille puissante, partit quelques jours après et s'embarqua.

Le comte, après avoir renouvelé les témoignages de sa reconnoissance au maréchal, reprit avec O Lielly la route de Célicour, où tout étoit dans la dernière consternation. Athanaïse touchoit à son heure dernière ; en vain son oncle avoit espéré que son courier seroit à Ormont avant que les lettres fussent reparties pour la Normandie. Elles y arrivèrent, et celle de Célicour porta la mort dans le cœur de la trop sensible Athanaïse : une fièvre ardente, accompagnée des symptômes les plus effrayans, se déclara. L'arrivée du comte porta quelqu'allégement à la douleur de ses amis. Athanaïse, malgré son extrême danger, voulut le voir. Il n'étoit plus temps de dissimuler ; elle sut tout, et sa douleur étoit à tel point, que ces détails ne pouvoient l'accroître. — Je vais mourir, dit-elle à son oncle ; je vais cesser de ressentir les coups du sort. Ah! puissent-ils épargner l'ingrat qui m'outrage ! Le comte fit tout ce qu'il put pour faire passer dans son âme un courage qu'il n'avoit pas. La perte d'Athanaïse étoit pour lui le plus grand malheur; il étoit bien sûr que sa mère ne lui survivroit pas. Il alloit être seul sur la terre, à l'âge où il n'est plus possible de faire des amis, et encore moins de former de nouveaux liens. Le présent le désespéroit, l'avenir étoit encore plus effrayant.

Cependant que faisoit Célicour ? quel chemin suivra-t-il ? quel est le but où il veut atteindre ? Il l'ignore : ce n'est point la mort qu'il fuit, mais l'échafaud. La loi contre les duels étoit scrupuleusement observée à l'armée du maréchal de *** ; et persuadé qu'il avoit tranché les jours de d'Apremont, il ne voyoit de sûreté que dans la fuite. Il suivit long-temps la route d'Utrecht, où il étoit plutôt conduit par son cheval qu'il ne l'avoit choisie; il hâtoit seulement sa marche. Mais enfin, excédé de fatigue, il s'arrêta dans un bois, et laissant sur sa bonne foi cet animal, qui lui étoit attaché comme un chien, il se coucha au pied d'un arbre, où il commença à réfléchir sur sa triste position. — Que je suis malheureux d'avoir abandonné mon cœur à une passion qui ne m'a jamais causé que des tourmens! Périsse à jamais le jour où je t'ai rencontrée, trompeuse lady, et plus encore celui où je t'ai déclaré mon amour! Tu ne l'as jamais partagé. Tes froids calculs sur la prétendue inégalité qui existoit entre nous, prouvoient assez que tu ne ressentois pas le feu qui me dévoroit; tu aurois été la plus puissante reine du monde, je n'aurois été qu'un simple berger, que j'aurois prétendu au bonheur d'être aimé de toi. Y a-t-il donc des distinctions quand on aime ? Mais quand tu as appris le secret de ta naissance, devois-tu exiger qu'un autre reçût ma foi ? Ah ! si tu avois partagé mes sentimens.... Insensé ! puis-je oublier qu'elle est ma sœur ! Oui, je l'oublie, je ne vois en elle que l'objet de mon amour, qui, retenu depuis long-temps dans les tristes bornes du devoir, est devenu la passion la plus violente. Je supportois mes maux, lorsque croyois que tu les partageois. Ma présent, où reposer ce cœur déchi. Le tien n'est plus le sanctuaire de l. vérité : tu m'as trompé, quand tu disois que tu n'aimois que moi. Mais tu pleures à présent ton imprudence. Celui à qui tu as transporté des sentimens qui, disois-tu, faisoient le charme de ta vie, est mort, et c'est moi qui l'ai tué ! Grand Dieu ! c'est moi, le frère d'Athanaïse, qui immole à une passion criminelle un jeune homme honnête et sensible, qui venoit avec confiance me demander de l'unir à ma sœur, et loin d'éprouver des remords, je me livre à une joie barbare ! Je suis un monstre indigne du jour qui m'éclaire. Pauvre Athanaïse, combien tu dois me haïr ! Ah ! je n'ai jamais rien fait que pour ton malheur ; va, le mien est si grand, qu'il doit te servir de vengeance. Hélas ! pourquoi ne suis-je pas tombé sous les coups de ton amant, tu aurois accordé quelques larmes à ma cendre ; mais enfin tu aurois été heureuse. Heureuse avec un autre que moi !... Ah ! devrois-je le souffrir ! et il retomba dans le plus profond absorbement. Quand tout à coup il entend hennir son cheval, et un autre qui lui répondoit de bien loin, il se lève, et voit distinctement un homme courant ventre à terre. Comme il n'étoit pas encore éloigné de plus de dix lieues, il craignit qu'on vînt pour l'arrêter ; et saisissant les crins de son cheval, il alloit s'éloigner de toute la vîtesse de ses jambes, lorsque Clermont, qui vit ce mouvement, l'appelle à grands cris. Arrêtez, arrêtez, mon cher maître ; ne me fuyez pas, je vous en conjure, au nom de mon attachement et de vos anciennes bontés. Il ne put résister à ces instances et s'arrêta, et bientôt Clermont le rejoignit. — Où allez-vous ainsi seul, sans argent ? — Ah ! cela est vrai, je n'y avois pas pensé. — Je vous en apporte, et le portrait de madame de Walmore. — Donne, et le serrant contre son cœur : Ah ! précieuse image, tu ne me quitteras plus ; mais toi, mon pauvre Clermont, qui t'a dit où j'étois ? — Mon brave cheval, qui m'a amené droit à son camarade. — Mais, mon ami, pourquoi veux-tu attacher ton sort à celui d'un malheureux réduit à fuir sa patrie? — Monsieur, je n'en ai d'autre que le pays que vous habitez. — Mais ta femme. — Je l'aime, mais je vous aime mieux qu'elle, mieux que l'univers entier : j'irai partout avec vous. — Mais tu ne sais pas à quelle condition j'y puis consentir. Celle que tu n'apprendras jamais où je porterai mes pas; tu dois sentir qu'il y va de ma vie. — Vous ne devez pas craindre que je révèle ce secret; je donnerois plutôt la mienne que de vous exposer. Mais ne perdons pas de temps pour nous éloigner de l'armée. Ils entrent dans un hameau, où Clermont força son maître à prendre quelque nourriture et du repos. Clermont lui ayant appris aussi que d'Apremont vivoit, Célicour sentit quelqu'allégement au poids des remords qui l'accabloient. Le lendemain, ils arrivèrent à Utrecht, où la violence de ses passions, se calmant peu à peu, la bonté de son cœur le ramenoit à des pensées plus douces. Il fut le premier à permettre à Clermont d'écrire à sa femme; mais il voulut dicter cette lettre que je vais transcrire.

Lettre de Clermont à Julie.

À Utrecht, le 29 avril 1748.

« Sois sans inquiétude, ma chère Julie, je l'ai retrouvé; il se porte bien. Nous allons parcourir l'Allemagne ; peut être irons-nous en Russie. Il est plongé dans la plus profonde douleur, mais c'est, dit-il, de repentir. Il vivra pour aimer ce qui lui a toujours été si cher, et forcé de fuir par les circonstances, son cœur n'en restera pas moins auprès d'eux. Je ne puis t'indiquer aucun lieu pour nous répondre, car nous changeons sans cesse de route. Adieu, mon amie; crois que je te rejoindrai dès que je le pourrai. Mais j'étois à lui avant que d'être à toi, ton bien fidèle mari....

CLERMONT. »

Ils laissèrent cette lettre à Utrecht, en priant leur hôte de ne la faire partir que dans un mois, et ils se mirent en route pour Dusseldorff. Ce fut là qu'il apprit, par les papiers publics, les suites de son combat avec d'Apremont. On y lisoit qu'on venoit de donner le régiment du marquis de Célicour, qui, après s'être battu avec le chevalier d'Apremont, l'ayant cru mort, étoit parti sans que l'on sût où il étoit allé; que d'Apremont étoit parfaitement rétabli de ses blessures, et qu'il avoit été forcé de partir pour le Canada. Ce duel ayant fait trop d'éclat, quoique la cause en ait été un mystère impénétrable,

Célicour

Célicour ne pouvoit avoir de nouvelles plus satisfaisantes ; il n'avoit plus à se reprocher la mort de son rival, et il quittoit la France ! Pour lui, il comptoit n'y jamais revenir, surtout à Célicour. Il n'éprouvoit plus les tourmens de la jalousie, mais il avoit grièvement offensé celle qu'il aimoit, et elle avoit pu former le projet de s'unir à un autre : c'étoit assez, et trop même, pour détruire à jamais son bonheur. Son âme, fatiguée par les orages des passions, cherchoit enfin à se reposer. Il étoit calme, parce qu'il n'avoit pas la force d'éprouver ces transports qui anéantissent toute la nature ; cette tranquillité, qui étoit au moral ce que la paralysie est au physique, lui laissoit à peine la faculté de penser. Mais peu à peu celles que Straden lui avoit fait adopter sur l'immortalité de l'âme, revinrent à son esprit. Si nous ne sommes ici que comme des voyageurs, se disoit-il, pourquoi mettre une si grande importance aux événemens qui nous arrivent sur la route? J'ai tout perdu, mon état, ma fortune, le cœur, dont la possession étoit pour moi bien plus précieuse qu'un trésor; mais la mort m'auroit tôt ou tard fait quitter tous ces biens. Pourquoi ne chercherois-je pas à trouver dans cette sublime philosophie des ressources qui me feroient arriver au bout de la carrière avec moins d'amertume? Je hais les humains; aucuns ne peuvent me consoler. Mais celui qui est aussi élevé au-dessus d'eux qu'il l'est au-dessus des étoiles fixes, ne peut-il remplir, par la contemplation de ses qualités, ce cœur que rien ne pourra plus satisfaire? J'y joindrai l'étude de la nature, et ainsi je traînerai sans remords mes jours jusqu'au tombeau; et réuni à l'Etre suprême, j'y retrouverai ou j'y attendrai celle qu'alors je pourrai aimer sans crime. Qui me dit qu'elle a cessé de m'aimer?.... Qui me dit si le projet qu'elle avoit de s'engager dans d'autres liens n'étoit pas une sauve-garde qu'elle vouloit avoir contre mes téméraires entreprises? O mon Athanaïse, tu ne pouvois concevoir un projet que la vertu n'approuva pas?.... Mais moi, cruel que je suis! j'ai déchiré ton cœur, ce cœur sublime, image de la Divinité! Tu ne me pardonneras jamais... Clermont cherchoit à distraire son maître de ses sombres rêveries, mais il ne pouvoit y parvenir. Ils marchoient à petites journées, ne craignant plus d'être arrêtés, puisque d'Apremont s'étoit rétabli de ses blessures. Quelquefois il lui disoit : — Mais, mon cher maître, il n'y a plus rien à craindre, pourquoi ne pas rentrer en France ? — Nous y reviendrons, mon ami, tu reverras ta femme;

mais j'ai besoin de voyager encore quelque temps.... et j'exige toujours ta parole de n'instruire personne de notre marche. — Ah! monsieur le marquis, vous savez que vos volontés sont des lois pour Clermont, et que j'aimerois mieux mourir que de vous déplaire; mais ma pauvre Julie doit être bien inquiète, et puis ces dames. — Eh bien, écris encore ; mais il faut faire repasser la lettre toujours par Utrecht. Ils étoient alors à Mayence. Clermont écrivit donc sous la dictée de son maître la lettre suivante.

Lettre de Clermont à Julie.

Ce 26 mai 1748.

« Celle-ci, ma femme, te parviendra, comme la première, d'Utrecht, quoique nous en soyons bien loin. Cependant j'ai d'assez bonnes nouvelles à t'apprendre ; il compte revenir en France ; il m'a promis qu'avant peu je te reverrai. Ainsi ne te chagrine pas d'une absence qui finira. Nous avons su que le chevalier étoit plein de vie et parti pour le Canada ; ce qui fait grand plaisir à qui tu sais bien. Sa santé n'est pas mauvaise ; il est triste, bien triste, mais calme. Il parle de Dieu ; il s'en occupe ; il ne trouve que dans son idée des moyens de supporter des chagrins que j'ignore. Enfin, j'espère qu'ils cesseront. Mais mon attachement pour toi durera autant que la vie de ton fidèle mari,

CLERMONT. »

Cette lettre et la précédente arrivèrent à la fois à Célicour. Athanaïse, échappée aux dangers d'une maladie cruelle, languissoit entre la vie et la mort ; ses amis s'étoient réunis autour d'elle, et cherchoient par leurs soins à faire un rempart impénétrable au coup qui la menaçoit. Sa sombre tristesse n'annonçoit que trop qu'elle ne devoit qu'à la force de sa constitution de résister à ses longues souffrances ; cependant la vue de son neveu, les enfans d'Henriette la ranimoient. Quelquefois elle prenoit le petit Jules dans ses bras, elle le serroit contre son cœur. Quoique sa maladie eût été violente, elle n'avoit plus que de la foiblesse, lorsque Julie reçut les deux lettres de son mari. Elle se hâta d'en faire part à madame Amélie, qui les communiqua à sa fille. Un vif incarnat se peignit sur ses joues décolorées, ses yeux s'animèrent, de douces larmes bordèrent ses paupières ; et levant les mains au ciel, elle s'écria : — Il vit, il me rendra justice ; il reviendra en France. Je ne serai plus, mais il y reverra son fils ; et elle se laissa tomber sur le sein de sa mère. — Quoi ! mon enfant, peux-tu penser....— O mon amie ! ô ma mère ! ces nouvelles sont venues trop tard. Je ne vis qu'à peine, et je sens chaque jour que je m'éteins lentement ; mais ces lettres rendront mes derniers momens moins douloureux. Vis, ma mère, pour lui, je t'en conjure, pour mon petit Jules, c'est toi qui le remettras dans les bras de son père.... Non, je ne serai plus quand il reviendra, et je dois peut-être en bénir le ciel ; mais il vit, tu lui diras combien il fut injuste. Ces lettres, c'est lui qui les a dictées ; elles ne sont point de Clermont, j'en suis bien sûre... Que je l'aime, ce bon Clermont ! que son attachement pour son maître me touche ! M. d'Ormont entra dans ce moment, et Athanaïse les lui fit lire. Il partagea ou parut partager la joie de sa nièce ; car il étoit offensé de la conduite de Célicour, et il ne supportoit pas l'idée de le revoir. Mais il dissimula ses sentimens, pour ne pas obscurcir ce rayon d'espérance qui pouvoit ranimer sa pauvre Athanaïse, qui, quoiqu'elle en pût dire, se trouva sensiblement mieux. Mistriss, madame Amélie, ma mère, étoient comblées de joie, et redoubloient d'attention pour cette intéressante malade, dont rien n'altéroit la douceur.

Célicour suivoit sa route, et ayant pris par Baden, il entra en Suisse. Là, les grandes scènes de la nature redonnèrent à son âme sa première énergie. Ce sol de la liberté, ces montagnes couvertes de neige, aussi anciennes que le monde, d'où l'on apercevoit des vallées délicieuses, habitées par des hommes chez qui l'absence des passions ne tient pas à la foiblesse, mais à la pureté de leurs mœurs, à l'innocence de leurs occupations. Il résolut de fixer quelque temps son séjour au milieu d'eux, ne voulant rentrer dans sa patrie que dans la mi-novembre. Il chargea Clermont de lui trouver une chaumière où ils pussent rester toute la belle saison. Ce fut au bord du lac de Genève qu'ils en trouvèrent une qui leur convenoit, près du rocher de la Milleraye, que l'ami de la nature a rendu si célèbre. Là, Célicour osa sonder les replis de son cœur; là, il retrouva l'image de celle qu'il adoroit; mais instruit par ses malheurs, il sentoit plus que jamais qu'il ne devoit plus s'exposer aux dangers qu'il avoit courus. D'ailleurs, persuadé qu'il n'étoit plus aimé, comment auroit - il pu supporter l'idée de ne pas la voir entièrement abandonnée à ce sentiment qui avoit fait le charme et le tourment de leur jeunesse? Qu'irai - je faire près d'elle? se disoit-il. Pourrois-je lui faire des reproches qu'aucun droit ne peut rendre légitimes ? Etoit-ce soutenir les siens de l'avoir privée d'un établissement brillant, et avec un homme qu'elle aimoit peut-être ? D'ailleurs, que diront de moi ses parens, ses amis ? Non, je ne dois plus la revoir.... Mais en aurai-je la force ! Elevons entre elle et moi une barrière insurmontable ; enchaînons notre liberté ; elle m'en a donné l'exemple avec bien moins de raison que je n'en ai maintenant.... Mais ne précipitons pas un parti que je serai toujours à même de prendre, et il se fortifia dans la résolution de passer encore quelques mois dans la retraite modeste où il avoit fixé son séjour. Les hommes occupés sont rarement avides de savoir ce qui se passe autour d'eux ; la curiosité est la compagne de l'oisiveté. Aussi les voisins de Célicour ne faisoient aucune attention à lui, et il avoit le plus grand soin de ne pas les troubler. Son jardin étoit assez vaste, et il aidoit Clermont à le cultiver. Une pauvre veuve s'offrit à les servir ; ils achetèrent une vache, deux chèvres et des poules. Célicour s'accoutuma peu à peu à ne vivre que des productions de son jardin et de sa basse-cour. Clermont craignoit que la santé de son maître ne s'altérât, mais il l'assura qu'il s'en portoit beaucoup mieux. Il se levoit à l'aurore, travailloit une partie du jour, lisoit l'autre ; car il s'étoit procuré des livres à Genève. Peu à peu ce genre de vie auquel il s'essayoit, comme devant le préparer à celle qu'il comptoit bientôt adopter, calma son âme ; il ne lui restoit qu'une douce mélancolie. Nos passions tirent leur force de mille objets extérieurs qui ne paroissent pas y avoir de rapport. Et tel homme, nourri dans la mollesse et livré aux excès de la table, s'abandonne aux transports les plus dangéreux pour la société, qui eût été le plus doux de ses semblables ; s'il avoit été forcé, par la médiocrité de sa fortune, à vivre avec frugalité, et à employer les forces que lui donnoient la jeunesse et la santé à un travail utile. Célicour en faisoit tous les jours l'expérience ; mais il ressentoit des maux que rien ne pouvoit guérir : c'étoit la douleur d'avoir offensé sa sœur, et d'être privé pour toujours des charmes de sa société. N'osant lui exprimer ses regrets, il se servir de Clermont pour les lui faire parvenir, et pour la préparer au sacrifice qu'il étoit prêt à lui faire.

Lettre de Clermont à Julie.

A .... ce 27 septembre 1748.

« Il y a bien long-temps, ma chère femme, que je ne t'ai écrit ; cependant je pense sans cesse à toi. Comment mon cœur ne t'appelleroit-il pas dans le séjour de paix que nous habitons? Ah! si l'amour venoit l'embellir, il n'y auroit point de palais qui pût lui être comparable ; mais jamais, jamais je ne t'y verrai. Toit solitaire, verger charmant, torrent majestueux, fontaine limpide, gazon dont la molle verdure appelle au repos, fleurs que je cultive avec tant de soin, que n'êtes-vous destinés à ce que j'aime? Que ne puis-je la voir suivie de mes jeunes chevreaux ! Pourquoi les fruits que je mange n'ont-ils pas été cueillis par elle? Pourquoi ne sont-ce pas ses doigts délicats qui ont pressé les mamelles d'où découle le lait qui me nourrit? Ah! qu'elle seroit belle sous un grand chapeau de paille avec un simple corset! comme on jouiroit des élégans contours de sa taille plus souple que le jonc! Ah! si je la voyois me sourire lorsque je reviens épuisé de travail, si je lisois dans ses yeux, les plus beaux qui existent, qu'elle m'aime; si je pouvois la presser contre mon cœur, ah! quel bonheur seroit comparable au mien! Mais non, jamais, jamais elle ne viendra dans cette retraite. Oh! je n'y résisterai pas. Que pourrai-je y faire sans toi? Mais que deviendrai-je?.. Où portera-t-il ses pas, cet infortuné? reviendra-t-il près d'une sœur adorée?... Je le lui demande, et il soupire... S'il voit un frère et une sœur conduire ensemble le troupeau de leur père: Qu'ils sont heureux! s'écrie-t-il, et moi, que je suis infortuné! Banni de ma patrie, loin de ma sœur, je languis, je soupire; mais me regrette-t-elle? Ah! elle m'a oublié, je suis effacé de son souvenir: oserois-je m'en plaindre? Sois heureuse, ma sœur, mon amie, et moi, je remplirai mes devoirs, quelques pénibles qu'ils soient. Si ton estime en est le prix, j'en serai récompensé. C'est ainsi que je l'entends chaque jour exprimer ses regrets. Il viendra un temps, ajoute-t-il, où nous serons tous réunis. Je l'attends, m'a chère Julie, car je t'aime plus que ma vie.... ton fidèle mari.

CLERMONT. »

Il eut bien de la peine à vouloir copier cette lettre. — Mais, Monsieur, ma femme me croira devenu fou : où pensera-t-elle que j'ai pris de si belles choses ? Jamais, jamais elle ne s'imaginera que c'est moi qui l'ai dictée. — Eh bien, qu'importe, ta femme croira que tes voyages ont formé ton style. — Oui, et quand je serai de retour elle ne me trouvera que comme je suis parti, qu'un gros bon sens et un cœur excellent. — Mon ami, va, quand Julie te reverra, elle sera si contente, qu'elle ne s'amusera pas à comparer le style de tes lettres avec ce que tu lui diras. Enfin, je te prie de la faire partir comme elle est. Clermont obéit, et la lettre arriva à Célicour, toujours venant par Utrecht ; ce qui ne la faisoit pas recevoir promptement. Athanaïse ne put la lire sans verser un torrent de larmes ; elle entendoit bien à qui étoient adressées de si douces expressions. Julie n'en fut pas la dupe ; mais elle s'estimoit heureuse de pouvoir procurer à sa maîtresse les assurances d'attachement d'un frère si tendrement aimé.

Cette lettre, qu'Athanaïse pria Julie de lui laisser, fut relue bien des fois. — Ah ! disoit elle, si je pouvois savoir où il habite ! si je pouvois lui dire que je lui pardonne ! mais il ne veut pas que j'en sois instruite.... Mon oncle pourroit bien le savoir : comment lui demander ? Je n'oserois même pas en parler à ma mère, à mon amie; il faut que j'attende tout du temps.....Mais qu'il marche lentement ! deux ans se sont écoulés depuis son départ, et ils me paroissent un siècle ; combien s'en écouleront encore ! et des larmes brûlantes couvroient ses joues. Enfin, ne pouvant renfermer plus long-temps un chagrin qui la dévoroit, elle se décida à parler avec confiance au docteur O Lielly. C'étoit à lui qu'elle devoit la conservation de son frère : ne pouvoit-il pas encore lui porter les consolations de l'amitié ? pouvoit-elle douter de son zèle, de sa discrétion ? Elle ne vouloit pas que ses parens sussent les démarches qu'elle vouloit faire. Elle profita d'un instant où ils étoient tous allés à une fête des environs ; elle les y avoit engagés. Sa santé ne leur causoit plus d'alarmes, et quoiqu'elle fût encore languissante, elle pouvoit se passer une journée de leurs soins : elle l'employa à obtenir d'O Lielly ce que son cœur désiroit si vivement. Elle lui montra la lettre de Clermont, que personne de sa famille, pas même mistriss, n'avoit vue. — Vous reconnoissez bien ce style ? — Hélas! oui, Madame. — Il est encore bien malheureux : sera-t-il long-temps privé des douceurs de l'amitié ? — Ne pourriez-vous pas, mon cher O Lielly, retrouver ses traces ? Il est certain qu'il a séjourné à Utrecht; toutes ses lettres parviennent par cette ville. Ah! si le sensible Straden pouvoit le rejoindre; s'il lui disoit que je lui pardonne, que sa sœur l'aime toujours; si vous lui remettiez cette lettre que ma mère lui écrivit lors de son combat avec d'Apremont, et qui est revenue dans mes mains; si vous l'engagiez à revenir à Célicour, moi, j'irois à Surville passer quelques années : nous ne nous verrions que lorsque vous seriez assuré qu'il le pourroit sans s'exposer à de nouveaux orages. Mais j'aurois de ses nouvelles, mais il verroit son fils. Ah ! ne me refusez pas, mon digne ami, que je vous doive encore une fois la vie ; car c'est en vain que l'on espère que je puisse vivre sans la certitude de le revoir un jour. Je sens bien que chaque moment détruit mon existence, et que s'il faut que cette cruelle absence se prolonge, je mourrai sans autre cause qu'un anéantissement total. O Lielly avoit depuis du temps le projet de rejoindre Célicour ; qu'il aimoit sincèrement ; mais il lui manquoit les moyens de faire les recherches nécessaires. Athanaïse les lui procura. Il fut convenu qu'afin qu'on ne se doutât pas que ce voyage étoit concerté entre eux, il resteroit à Célicour jusqu'à ce qu'il reçût des lettres d'Irlande ;

qu'il diroit être chargé d'une mission secrète pour l'Italie et partiroit. Athanaïse ne savoit comment lui exprimer sa reconnoissance, et l'espoir d'avoir des nouvelles plus certaines de son frère et de lui en faire donner des siennes, soutint sa santé chancelante.

Huit jours après, O Lielly partit pour Paris, d'où il prit la route d'Utrecht; il y arriva le 7 mars 1749. Son zéle et son intelligence lui firent enfin trouver l'hôte chez qui Célicour avoit logé pendant son séjour à Utrecht. C'étoit un très-bon homme; mais aimant l'argent comme un Hollandois, il calcula très-bien qu'ayant reçu cinquante louis pour garder un secret, il devoit être inviolable tant qu'il n'en trouveroit pas plus pour le découvrir; mais à la vue d'une lettre de change de deux mille francs, payable chez le meilleur banquier de cette ville, il trouva qu'il manqueroit à toutes les lois du commerce s'il n'acceptoit pas. Il apprit donc à O Lielly tout ce qu'il vouloit savoir, après avoir auparavant été assuré qu'on ne vouloit point de mal à Célicour. Il lui montra même l'enveloppe de la dernière lettre qu'il avoit reçue, et qui étoit timbrée de Genève. O Lielly se hâta d'écrire à Athanaïse cette heureuse découverte, et partit sur-le-champ pour la Suisse. L'hiver finissoit, et déjà le chant de la joyeuse alouette annonçoit au laboureur le retour du printemps. — Mon cher Clermont, dit un jour Célicour, il faut partir, il faut rentrer en France. — Ah! bien volontiers, M. le marquis; je n'osois vous en parler, mais je suis tout prêt. Ils payèrent le loyer de la maison, et donnèrent à la bonne veuve la basse-cour et tous les meubles qu'ils avoient achetés. Elle se trouva riche à jamais, et les combla de bénédictions.

Ils n'emmenèrent que leurs chevaux, qui étoient en quelque sorte devenus leurs camarades. Ils passèrent à Chambéry, où Célicour se trouva incommodé, soit par la révolution qu'il éprouvoit en s'avançant vers le lieu où il alloit ensevelir ses plus douces espérances, soit par toute autre cause; il eut plusieurs accès de fièvre qui retardèrent encore sa marche. Enfin, ils arrivèrent aux Echelles ; les habitans l'engageoient à ne pas se mettre en route. Entendez - vous, disoient - ils, le roulement des torrens? Le soleil, par sa vive chaleur, détache des monceaux de neige: personne n'ose se mettre en chemin, et si la fonte n'est pas totale, peu de jours, peu d'heures même, peuvent rendre la communication impraticable. Célicour s'obstina, et Clermont le suivit. A peine se fut-il engagé dans les défilés des montagnes, qu'il lui fut impossible d'aller plus loin:

c'étoit à chaque pas un nouveau danger. S'il n'eût consulté que lui, il eût peu redouté d'être enseveli sous ces masses qui ne se soutenoient qu'à peine au-dessus de leurs têtes ; mais devoit-il exposer le digne serviteur qui s'étoit attaché à son sort d'une manière si touchante ? Il consentit donc qu'il demandât l'hospitalité à une maison qu'on apercevoit au haut d'une montagne qu'ils gagnèrent avec une extrême fatigue.

Clermont frappa à la porte ; on ne vint point. Il frappa une seconde fois ; il parut une servante d'une quarantaine d'années, qui, effrayée, referma la porte aussitôt. Clermont se mit à lui parler ; mais à son grand regret, il l'entendit retraverser la cour et fermer la porte intérieure de la maison. Il continuoit toujours à frapper et à appeler, quand il entendit r'ouvrir la même porte.

intérieure, et venir à lui d'un pas très-posé, il frappa alors coup sur coup, et l'homme qui ouvrit lui parut être le maître du logis. — Vous êtes bien pressé, dit-il à Clermont. — Hélas ! Monsieur, nous échappons à la fonte des neiges. — Cela peut être, mais ce n'est pas une raison pour ébranler ma porte. Que voulez-vous, Monsieur ? — Un abri pour mon maître et pour moi : il est à deux pas d'ici. — Allez le chercher ; et puis gravement, laissant la porte ouverte, il retourne tout aussi lentement dans sa maison. Clermont alla avertir Célicour, et lui dit : — Monsieur, on veut bien de nous, mais c'est, je vous assure, chez un grand original. — N'importe, pourvu que nous soyons à couvert. Ils trouvent la porte ouverte, descendent de cheval, et entrent dans la cour, sans que personne vînt audevant d'eux. Ils passent

sent dans un petit vestibule, et ils entrent dans un cabinet dont les murs étoient tapissés par les rayons d'une bibliothèque. Du reste, plusieurs petites tables : sur une étoit de l'encre et du papier ; sur une autre, des couleurs, des pinceaux, un paysage commencé, et une enfin devant laquelle étoit assis le maître de la maison, sur laquelle il y avoit des livres et une tabatière. Le reste des meubles consistoit en quelques chaises de paille en assez mauvais ordre. Il y avoit un fort bon feu, mais on sentoit qu'il ne venoit que d'être rallumé ; car la chambre étoit assez froide. Le philosophe ne se leva pas quand ils entrèrent, et les regardant seulement leur dit :
— Bonjour, Messieurs ; je suis à vous dans l'instant.... Il faut que je finisse cet article, et il se remit à lire, et eux s'allèrent chauffer. Clermont vit par la fenêtre qu'un charretier amenoit leurs chevaux

à l'écurie. Célicour, toujours livré à ses profondes méditations, ne pensoit ne voyoit rien.... Après un bon quart d'heure, M. Saint - Remi, c'étoit le nom de l'hôte, posa son livre. — Pardon, Messieurs, dit-il ; mais c'est qu'en s'interrompant dans ses occupations, on ne s'y retrouve plus : d'ailleurs, je crois que votre premier besoin étoit de vous chauffer... A présent, voulez vous manger, demandez ce que vous voudrez. — Nous vous rendons grâces, Monsieur ; il n'y a pas long-temps que nous avons dîné : nous attendrons l'heure du souper. Saint-Remi se leva, vint un moment se placer debout devant la cheminée, et passant ses bras derrière son dos, il se chauffa les doigts. Ce fut alors que Célicour l'examina tout à son aise. C'étoit un homme de cinquante ans, blond, d'une taille assez élevée, plus gras que maigre ; ses traits étoient réguliers, et portoient l'expression de la tranquillité. Il étoit aisé de voir que rien n'avoit troublé son âme. Quant à sa toilette, c'étoit celle d'un cynique ; il avoit une barbe au moins de huit jours, des cheveux plats et en désordre, une redingotte de besche, avec un pantalon et un gilet de pareille étoffe, tout couvert de tabac, des manchettes déchirées avec des taches d'encre : on pouvoit dire de lui comme Voltaire, dans une de ses comédies, fait dire à un valet... en parlant d'un savant,

De l'encre au bout des doigts composoit sa parure.

Clermont le regardoit avec la plus grande attention. — Je me chauffe un moment, dit Saint-Remi ; il fait assez froid. — Parbleu, Monsieur, reprit Clermont, dites donc extrêmement froid. — Oh ! je ne trouve rien d'extrême ; c'est l'imagination seule qui à inventé ce mot. Il fait froid ou chaud, mais jamais excessivement ni l'un ni l'autre : ce qui seroit excessif nous tueroit; nous vivons, donc il ne fait pas excessivement froid. — Comme vous voudrez, mais je sens bien les degrés. — Idée, idée que cela, affaire de préjugés d'éducation qui gâte tout. — Quoi ! reprit alors Célicour, vous croyez que l'éducation détruit nos bonnes qualités ? — Je ne crois rien, Monsieur ; car c'est encore une des folies du pauvre genre humain de croire : on ne peut rien croire, parce que l'on n'a certitude de rien. Mais je me doute que l'éducation nous fait du mal ; que l'homme est né bon, et que ce n'est que la contrainte de son éducation qui, le rendant méchant, lui fait connoître la crainte ; la crainte le conduit à la fausseté ; et ainsi de suite. — Mais, Monsieur, il me paroît que vous en avez reçu une fort soignée. — Hélas! oui, Monsieur, on m'a appris à faire des riens. Cependant il vaut mieux faire des riens que de ne rien faire ; mais il vaudroit mieux avoir été accoutumé dans mon enfance à vivre de racines, à n'avoir d'autre occupation que d'aller les chercher dans les champs, les faire cuire, les manger, et dormir. Mais on m'a accoutumé à une autre manière d'être : j'en ai pris la mauvaise habitude, il faut bien que je la garde. — Y a-t-il long-temps que vous vivez dans cette retraite ? Il paraît qu'elle n'a pas été le berceau de votre enfance. — Il y a vingt ans. — Et sans trop de curiosité, pourroit-on savoir ce qui vous a déterminé à ce genre de vie ? Il ne répondit rien, et Célicour vit qu'il n'aimoit pas les questions. Cependant il piquoit infiniment sa curiosité, et il espéra, avec le temps, de gagner sa confiance. Saint-Remi, en quittant la cheminée, se plaça à une autre table et se mit à écrire ; il paroissoit faire des extraits. Un moment après, la servante qui avoit eu une si belle peur de Clermont, rentra. — Que donnes-tu à souper à ces Messieurs ? — Du lard et des pommes de terre. — C'est bon. Messieurs, comme, selon toutes les apparences, vous passerez ici quelque temps, car la fonte des neiges dure au moins un mois, je ne ferai point d'extroordinaire, parce que je ne suis pas riche. Je l'ai été, j'ai eu une bonne maison, un excellent cuisinier qui me faisoit faire une chère délicate ; mais on m'a tout volé, il ne me reste rien que ce petit domaine, où je suis fort aise de vous recevoir. Vous êtes Français, et j'aime toujours mon pays ; cependant ne croyez pas que ce soit à ce titre seul que vous devez d'être reçus ici : le premier droit à ma bienveillance est d'être homme. Ah ça, je vous préviens, nous n'avons ici qu'une table; je suis fâché si vous êtes du nombre de ceux qui croient qu'il n'est pas décent de manger avec ses domestiques. Je penserois comme eux si nous mangions, nous digérions d'une autre manière; mais comme ce sont absolument les mêmes choses, je ne comprends pas ce que signifie cette répugnance. — Je serois bien fâché, Monsieur, de vous déranger; j'estime, comme vous, tous les hommes quand ils sont vertueux, et je suis certain que vos domestiques le sont, et moi, depuis long-temps, je vis de la même manière avec ce digne serviteur qui m'a donné des preuves les plus constantes de son attachement. On vint aussitôt mettre le couvert dans le même cabinet de Saint-Remi, qui dit : Mettez-vous toujours à table; je vous rejoins. — Allons, Monsieur, allons, dit

Marie, c'étoit le nom de la servante, vous mangerez tout froid. — C'est bien ; qu'est-ce que cela vous fait ? J'ai encore une phrase à écrire. — Vous l'écrirez aussi bien après souper, dit-elle en lui ôtant la lumière qui étoit sur sa table. — Grand Dieu ! dit le philosophe, que vous êtes d'étranges gens ! on ne peut rien faire avec vous ; et il se leva pour se mettre à table. — Servez-vous, Messieurs, dit-il, je suis très-maladroit. — Monsieur le marquis, dit Clermont à son maître, voulez-vous servir.... Célicour ne demanda pas mieux, d'autant que la fatigue et l'augmentation de tristesse, que le deuil de la nature ajoutoit à sa situation habituelle lui ôtoit l'appétit. Marie le trouvoit mauvais, et dit : — Est-ce que notre cuisine ne vous semble pas bonne ? — Elle me paroît excellente, mais je n'ai pas faim. — M. de Célicour est malade, dit Clermont. — Vous vous appelez Célicour ? reprit le philosophe. J'ai connu un comte de Célicour dont les terres étoient dans les environs d'Evreux. — C'étoit mon père, reprit-il. — Ah! j'en suis bien aise ; puis il se mit à rire, et dit : C'est bien plaisant ! — Qui vous fait rire ? — Rien, le souvenir d'une vieille histoire. C'étoit un homme à grands sentimens que feu monsieur votre père, de ces hommes qui croient à la sensibilité. — Vous l'avez donc connu ? — Un peu, par relation.

Le souper fut long ; le philosophe mettoit le temps à tout : mais voyant que Célicour ne mangeoit pas, il lui proposa de se retirer. — Allez vous coucher, si vous le voulez ; il ne faut pas se gêner. Prenez la lumière ; la première porte dans le corridor est votre chambre. Je ne sais si vous trouverez votre lit bon, car moi je ne pense pas beaucoup à tout cela. Célicour dit qu'il attendroit l'heure où il se retireroit. M. de Saint-Remi fit apporter de la liqueur de genièvre : le marquis en but un verre à sa santé, et on se sépara.

Deux assez mauvais lits, avec de fort gros draps, un vieux bureau, deux chaises de paille, composoient tout l'ameublement de cette chambre. Clermont vouloit ôter un des matelats de son lit pour rendre un peu meilleur celui de Célicour. — Non, dit-il, il faut bien que je m'y accoutume.... et Clermont ne comprit pas ce qu'il vouloit dire. — C'est un homme bien bizarre, que monsieur notre hôte. — Qu'il est heureux, reprit Célicour, cet être insouciant que rien n'émeut dans la nature !... Pourquoi n'ai-je pas reçu le même bienfait ? Je ne souffrirois pas les maux cruels que j'éprouve ; mais j'espère en trouver le terme avec celui de ce triste voyage. Quand il fit jour, Clermont, voyant que son maître dormoit encore, sortit bien doucement pour aller à l'écurie, où il craignoit que leurs chevaux n'eussent pas été mieux traités qu'eux.

Le philosophe vint un moment après, ouvrit les rideaux de Célicour, le réveilla; et comme il vouloit se lever, il lui dit : — Ne vous dérangez point, je viens savoir de vos nouvelles.... Avez-vous bien dormi ? — Hélas ! Monsieur, les malheureux connoissent-ils le sommeil ? — Vous êtes malheureux, j'en suis vraiment fâché; et qui peut vous rendre infortuné ? est-ce qu'on vous a volé votre fortune ? — Non, Monsieur, je suis très-riche. — Est-ce qu'on vous a fait un passe droit ? car toutes ces misères-là vous contrarient, vous autres. Ah ! vous avez rencontré quelque femme trompeuse ? — Eh ! non, Monsieur. —

Eh bien, je ne vois pas ce qui vous tourmente. — Les maux les plus déchirans. Je m'abhorre, je ne suis pas digne du jour qui m'éclaire. J'ai cherché la mort; je me la serois donnée, si je ne croyois pas un Dieu rénumérateur, et je vais, je ne vous le cache pas, chercher un asile où mes larmes couleront en silence, et où je ne troublerai plus la tranquillité de celle que j'aimerai jusqu'à mon dernier soupir. — Ah! j'entends, vous avez été cause de la perte de quélqu'innocente victime qui sera venue audevant de la séduction. Ah! si ce n'est que cela, il y en a tant d'autres qui en ont fait autant, et qui ne se sont pas pour cela enterrés vifs!... — Non, Monsieur, non, ma position ne peut se concevoir; laissez un malheureux en proie à sa douleur. — Vous êtes peut-être étonné, jeune homme, d'après mon caractère qu'il vous a été facile de saisir, de me voir vous interroger avec une curiosité indiscrète ; mais j'ai connu votre père, je prends intérêt à vous, et je m'étois flatté que je pouvois par mon âge mériter votre confiance et vous être utile. Mais je n'insiste pas, nous serons encore quelque temps ensemble ; quand vous aurez besoin de moi vous me trouverez : adieu. Puis il referma les rideaux et sortit de la chambre. — Quel est cet homme ? se dit Célicour, quand il l'eut quitté ; je n'ai jamais entendu parler de lui à mon père, et je ne sais pourquoi, malgré ses manières originales, je me sens attiré vers lui, et si mon secret pouvoit se révéler, je sens qu'il me l'arracheroit. Mais à quoi me serviroit cette triste confidence ? Rien ne peut changer mon sort. Athanaïse ne m'aime plus : a-t-elle seulement daigné me chercher ? Lui auroit-il été si difficile de trouver mes traces ! J'ai resté près d'un an auprès du lac ; j'espérois toujours que j'aurois d'elle quelques souvenirs : mais non, elle me fuit, et je l'ai bien mérité.... Que dis-je ? elle est peut-être passée au Canada ; elle n'aura pas eu connoissance des lettres de Clermont. C'est en vain que j'ai voulu terminer les jours d'un rival odieux : il est peut-être à présent le plus fortuné des hommes. Ah ! si je pouvois le croire ! Et la jalousie vint encore égarer sa raison, sans cependant lui faire changer de résolution. Quand je serai enchaîné par des nœuds éternels, je lui écrirai, je lui peindrai tous les maux que je souffre : ce récit troublera peut-être un moment son bonheur. Non, non, qu'elle ignore à jamais mon sort.... Mais Clermont le lui apprendra. Non, il ne le saura pas lui-même. Je ne suis qu'à sept lieues de cette enceinte impénétrable aux piéges de ce sexe trompeur ; je m'y rendrai seul à pied.... Mais combien durera encore la fonte des neiges qui m'en ferme le chemin ? Un mois, m'a dit monsieur de Saint-Remi. Combien je vais souffrir jusqu'à cet instant ! et toi, Athanaïse, tu es calme et heureuse....

Clermont entra chez son maître et le trouva très-abattu, mais il n'osa lui faire de questions. Nos chevaux, dit-il, sont ici beaucoup mieux que nous ; il paroît que le philosophe a un grand respect pour les animaux. Cependant il m'a dit de vous dire que le déjeûner étoit prêt. Célicour s'habilla et descendit. Un morceau de fromage de chèvre avec du cumin, et de très-mauvais vin, faisoient tout l'aprêt. On déjeûna. Je crains bien, dit M. de Saint-Remi, que vous ne vous ennuyiez ici ; j'ai quelques livres assez curieux, de l'encre, du papier : avec cela le temps passe.... Célicour jeta un coup d'œil sur la bibliothèque, et n'y trouva que des philosophes, et surtout de ceux qui se sont efforcés de prouver que tout est dû au hasard. — J'ai peu d'historiens, parce qu'ils ne sont que des menteurs à brevets. Les poëtes, excepté Horace, ne sont aussi que des diseurs de rien, habillés pompeusement. — Mais croyez-vous, lui dit Célicour, que ceux qui détruisent la croyance la plus consolante pour l'homme, soient une lecture plus utile? — Oui, répondit Saint-Remi, s'ils parviennent à étouffer les préjugés dont nous avons été bercés par nos nourrices. — S'ils parviennent; vous croyez donc que cela est difficile? — Beaucoup, parce que les premières impressions sont très-fortes; mais lisez-les toujours. — Je vous en rends grâces; la fougue des passions avoit obscurci en moi cette idée d'un Être suprême, et jamais je n'ai été plus malheureux. Un ami m'a ramené à cette douce pensée, et j'ai senti peu à peu mes chagrins se calmer. — Il a fait là une belle besogne! ne vaudroit-il pas mieux qu'il vous eût laissé la seule opinion qui soit raisonnable, que tout finit parce que tout a commencé? Alors, vous auriez quitté cette vie comme on quitte un vêtement qui nous gêne, et vous ne souffririez pas; mais par l'espérance de je ne sais quelle chimère, il vous a forcé de vivre. Par d'autres préjugés que je comprends encore moins, vous allez, je ne sais où, fatiguer la terre du poids de votre inutile existence. Ah! quand les hommes sauront-ils être raisonnables? Vous croyez, dites-vous, à un Dieu, à la bonne heure; mais ayez donc de lui une idée qui ait quelque proportion avec la grandeur que vous lui supposez. Il doit être la sagesse même, et on croit l'honorer par les plus grandes absurdités. — Je ne crois pas l'honorer par le parti que je veux prendre, mais je le regarde comme un port assuré contre ma foiblesse. — Quoi! il vous faut des murs de vingt pieds et des verroux pour être sûr de vous! Mais si vous avez dans le cœur une passion si violente, que vous ne puissiez répondre de ne pas la satisfaire étant libre, vous vous préparez-là un joli avenir! Quand vous aurez perdu tout espoir, vous vous casserez la tête contre ces mêmes murs que vous ne pourrez plus franchir. Allez, votre ami n'étoit pas plus sage que vous; et moi, qui prends à vous bien plus d'intérêt qu'il n'en pouvoit prendre, j'aimerois mieux vous savoir mort que livré à une douleur que rien ne détruira, dites-vous, et ce qui pourra bien être avec le parti que vous prenez. Mais enfin, dites-moi donc ce qui vous afflige? car je suis sûr que c'est encore une de ces puérilités dont vous autres gens à grands sentimens, faites tant de bruit. — Ah! Monsieur, vous parleriez bien différemment, si vous saviez.... Mais à quoi bon vous fatiguer du récit de malheurs que rien ne peut changer? — Il y a des choses si singulières dans la vie, des jeux du hasard si surprenans, que je crois qu'il n'y a pas de malheur sans remède; et si je vous disois.... Mais vous n'êtes pas assez philosophe pour cela.... Eh bien donc, vous êtes séparé de celle que vous aimez; car c'est l'amour qui vous tourmente: est-elle mariée? — Je l'ignore. — Commencez par croire qu'elle ne l'est pas, ou que son mari est mort, et vous voilà moins triste de moitié. — Ah! quand elle seroit libre, je ne pourrois pas espérer d'être plus heureux. — Elle ne vous aime donc pas? — J'ai cru qu'elle m'aimoit. — Et vous pleurez une infidèle! autre extravagance, comme s'il n'y avoit qu'une femme dans le monde. — Ah! il n'en est qu'une. — Ils disent tous comme cela. — Mais quand son cœur me seroit rendu, je ne pourrois plus espérer le bonheur. — A d'autres, vous l'aimez, vous supposez qu'elle vous aime, et vous seriez malheureux.... C'est donc d'une étoile dont vous êtes amoureux ? car je ne vois qu'une étoile dont l'amour ne puisse rapprocher; et cette femme tant aimée fût-elle fille du plus grand prince, si elle est d'accord avec vous, rien ne peut vous empêcher d'être heureux. — Elle est mon égale, et je n'en suis pas moins le plus infortuné des hommes. — Parce que vous en êtes le plus insensé.... Que diable! on ne comprend rien à tout ce galimatias. — Oh! ma position ne peut se comparer à aucune, mais je la souffre sans me plaindre : c'est un secret qui doit être renfermé dans mon sein, et qui descendra avec moi dans la tombe. — Grand bien vous fasse! et M. de Saint-Remi reprit sa plume.

La fonte des neiges étoit si abondante qu'on ne pouvoit sortir de la maison. Célicour se mit auprès du feu, et prit Hobbes, dont il parcourut quelques pages; mais il ne pouvoit se livrer aux profondeurs de ses raisonnemens, et tout ce qui ne parloit pas à son cœur ne l'intéressoit pas. Le philosophe, après avoir frotté son front et réfléchi quelque temps, demanda à Célicour si son père s'étoit remarié. — Oui, dit Célicour. — A-t-il eu des enfans ? — Une fille charmante. — Ah!... et cette fille est-elle mariée? — Je ne sais. — Vous ne savez pas si la fille de Célicour est mariée! vous êtes donc mal ensemble? — Hélas! — Eh quoi! toujours des hélas!.... Vous êtes un véritable drame. Eh bien, cette demoiselle de Célicour, c'est donc un chef-d'œuvre ? — C'est la plus belle, la plus aimable des femmes. — Ah ! me voilà au fait... vous l'aimez. — Ciel ! pouvez-vous penser... — Et quand cela seroit, voyez le beau miracle ⁂... Est-ce qu'ils ne disent pas que nous sommes tous venus ainsi ? — Que dites - vous, Monsieur ? vous pourriez approuver un crime !... — Ah ! vous appelez cela un crime ! et comment nommeriez-vous un assassinat, un vol, un abus de confiance ?... Il a été très-bien de faire des lois pour empêcher les frères et les sœurs de se marier ; c'est une politique fort sage. Cela auroit les plus grands inconvéniens ; les frères auroient été rivaux : de là les querelles, les meurtres. Puis comment une jeune fille, toujours avec ses frères, qu'elle auroit espéré d'épouser, aurait-elle résisté à l'attrait qui existe entre les deux sexes ? Il auroit fallu une surveillance continuelle

ou les tenir séparés, comme en Asie.
On ne peut donc qu'applaudir à cette loi
qui conserve l'harmonie dans les famil-
les, et qui, au physique, est encore plus
sage, parce qu'elle croise les races; elle
est utile aussi pour les fortunes qu'elle
partage plus également. Ainsi l'homme
en société a dû consacrer en principe
que les frères ne pouvoient pas épouser
leurs sœurs. Mais supposons que les enfans d'un même père se trouvent jetés,
par une tempête, dans une île déserte,
non-seulement ils ne feront pas un mal
en s'unissant, mais même ils feront
bien. Or, ce qui est un bien dans une
circonstance, ne peut être un crime dans
une autre. Si donc vous aimez votre
sœur, vous ne péchez que contre les lois
de convention, et non contre celles de
la nature, qui sont les seules respectables. — Mais, Monsieur, interrompit
Célicour, effrayé des conséquences de

cette morale, qui ne se trouvoit que trop d'accord avec sa passion, que pourroit faire un frère qui auroit le malheur d'aimer sa sœur et d'en être aimé? — J'aime bien cette question; pour un homme de votre âge, elle est naïve. — Mais enfin vous convenez que jamais les lois ne peuvent sanctionner une pareille union. — Et qu'importent les lois, elles ne sont que pour la multitude; et toutes les fois que vous ne nuirez à personne, qui vous empêche d'être heureux? — Ce qui m'en empêche! peut-on l'être lorsqu'on n'est pas dans l'ordre? Nos sermens n'ont pas reçu la publicité qui seule les rend respectables. — C'est encore une des nécessités de l'ordre social; mais est-il d'institution plus opposée à la nature, aimer par acte devant notaire, promettre devant votre Dieu de trouver toujours aimable ce qui cessera de l'être? Une seule fois dans ma ma vie, je fus prêt à me ployer au joug ridicule du mariage; je m'y soumettois par préjugés. Un préjugé plus absurde m'en dispensa, et je jurai de fuir toutes les occasions qui auroient pu m'y exposer. Célicour ne pouvoit se prêter aux insinuations de M. de Saint-Remi; son âme étoit trop ardente pour n'avoir pas l'amour de la vertu : tout ce qui la blessoit, même en flattant sa passion, la révoltoit. — Quoi! lui dit-il, vous voudriez donc réduire l'homme au triste état de la brute? — Je n'ai pas besoin de grands efforts pour le remettre à la place dont son orgueil le tire quelquefois. — Ah! Monsieur, je ne croirai jamais que nous puissions n'être pas infiniment supérieurs aux animaux. — Pour moi, je n'y vois aucune différence. Nous nous targuons du droit de penser, et qui nous dit qu'ils ne pensent pas? Leurs organes sont moins parfaits que les nôtres ; ce qui prouve que la matière moins déliée est moins susceptible des opérations du jugement, mais non qu'elle n'en soit capable. — Ah ! ne me persuadez pas que cette abominable doctrine, cet affreux système, qui ne peut avoir que des conséquences désorganisatrices, bouleverseroit l'univers. — Comptez-vous donc pour rien, reprit Saint-Remi, le plaisir de faire le bien, et les tourmens qui suivent les mauvaises actions ? Avec ces seuls mobiles, vous ferez toujours ce que vous appelez des hommes vertueux. — Oui, reprit Célicour, tandis que leurs actions ont des témoins : mais de quoi n'est pas capable l'homme qui ne croit à rien, quand il est sûr que personne ne sera instruit de ses crimes ? — Mais, dit le philosophe un peu embarrassé de répondre à cet argument, nous nous sommes bien éloignés de la thèse d'où nous sommes partis. Je vous disois donc que si tous vos chagrins viennent de votre amour pour mademoiselle de Célicour, il me sera facile de vous prouver que vous pouvez être, quand vous voudrez, s'il est sûr que vous en êtes aimé, le plus heureux des hommes. — Non, Monsieur, vous ne me le prouverez pas, et je préfère les maux que je ressens à la perte de tous principes. — Et qui vous parle de renoncer à tous ces principes que vous prisez tant? Mais pour vous amener à mon sentiment, il faut du temps ; je vous demande six semaines, et lorsque j'aurai réuni toutes les preuves, si vous dites que j'ai tort, et que vous voulez conserver toute votre vie un chagrin qui vous tue, je vous engage à vous brûler la cervelle : ce qui vaudra bien mieux que de finir d'une manière encore plus ridicule.

Célicour ne répondit rien, et se

promit de détourner toujours une conversation dont il sentoit tout le danger. D'ailleurs, qu'auroit-il gagné à adopter ce faux système ? pouvoit-il espérer d'en faire partager l'erreur à sa sœur ? Quand même elle lui auroit conservé l'amour le plus tendre, ne savoit-il pas que sa première passion étoit la vertu ? Il attendoit donc avec le plus vif empressement que les chemins fussent praticables pour quitter ce sophiste qui cherchoit à éteindre le peu de clarté qui lui restoit. Mais que la pente qui conduit au vice est glissante ! combien il est difficile de se soutenir sur les bords de l'abîme, surtout quand une main perfide vous y pousse ! Célicour avoit été plus étonné qu'effrayé des discours captieux de Saint-Remi ; et quoiqu'il évitât de lui en reparler, il ne pouvoit s'empêcher d'y réfléchir sans cesse. — Si Straden étoit ici, il répondroit à mon hôte ;

il jugeroit avec plus de sang froid une morale qui me semble dangereuse, mais contre laquelle je n'ai que des objections de sentiment : lui, il en trouveroit dans de grandes autorités. Si cependant ce que dit M. de Saint-Remi étoit vrai, si l'homme devoit finir tout entier, à quoi serviroit de contraindre nos désirs ? Où doit s'arrêter celui qui les prend pour guide de ses actions ? Si ce philosophe pouvoit parvenir à m'ôter toute croyance, si, ce que je ne crois pas possible, il réussissoit à détruire les principes de ma sœur, il plongeroit nos âmes dans un sommeil léthargique ; et notre passion satisfaite, que nous resteroit-il sans plaisir dans ce monde, et sans espérance dans l'autre ? Il nous faudroit courir de crime en crime pour exercer cette chaleur de sentiment qu'il ne pourroit nous ôter, parce que l'on naît passionné ou calme, comme brun ou blond. Une âme froide comme celle de M. de Saint-Remi peut vivre tranquille sans rien croire ; mais avec l'énergie que j'ai reçue de la nature, il faut être un scélérat ou croyant. Je partirai, oui, je partirai ; et le lendemain, il attendoit que Saint-Remi ajoutât encore quelques nouveaux argumens au premier. Un soir, il lui dit : Vous m'avez promis que, dans quelque temps, vous me prouveriez tout ce que vous m'avez dit le lendemain de mon arrivée chez vous. — Ah ! ah ! vous y pensez encore ; comme vous ne m'en parliez plus, je croyois que vous ne vous en souciez pas. Je ne gêne personne, je ne cherche pas à faire des prosélytes ; mais puisque cela paroît vous faire plaisir, je vous renouvelle ma promesse, et si, d'après ce que je vous dis, vous ne vivez pas parfaitement heureux avec mademoiselle de Célicour, vous serez le plus insensé des hommes.... — Ah! mon cher Saint-Remi, lui dit-il en l'embrassant, je sens que vous entraînez ma foible raison; mon cœur est d'accord avec vous... Mais quoi! faut-il attendre encore six semaines? — Je ne puis rassembler plutôt les preuves; mais j'ai écrit, pour les avoir complètes, il y a près de quinze jours, et dans un mois je serai en état de répondre à toutes objections, même à celles de votre prétendu sage, que je voudrois déjà voir ici.

Ce ton d'assurance étonnoit, entraînoit Célicour; déjà la voix des remords ne se faisoit entendre que foiblement: il ne craignoit plus que de trouver de l'opposition dans la vertu d'Athanaïse. Mais plus il paroissoit empressé à pénétrer les secrets de cette étrange morale, plus Saint-Remi s'obstinoit à garder le silence. La nuit, il repassoit dans son esprit le peu qu'il avoit recueilli dans le jour; son imagination s'égaroit, et souvent l'aurore commençoit à paroître, qu'il n'avoit pas encore goûté les douceurs du repos. Un mois s'étoit déjà écoulé depuis qu'il étoit chez ce philosophe, qu'après une nuit agitée il s'endormit d'un profond sommeil, et des songes sans suite lui représentoient les différens événemens de sa vie. Il voyoit Athanaïse dans les bosquets de Surville, lui laissant lire dans ses yeux un tendre espoir; il la voyoit plus grave, et non moins tendre, à Clerville, puis mourante, et lui reprochant son audace. D'Apremont, baigné dans son sang, s'offrit aussi à sa vue, et comme il fuyoit, une femme charmante se présente à lui : il lui trouva beaucoup de ressemblance avec le portrait de sa mère qui étoit dans le salon de Célicour, mais une pâleur mortelle voiloit ses charmes.

— Mon fils, lui dit-elle d'une voix sombre; mon fils, que fais-tu dans ces lieux? Fuis celui qui m'a perdue... Le malheureux! il doute de l'existence d'un Etre suprême! C'est qu'il redoute sa vengeance; c'est pour anéantir ses remords qu'il s'est persuadé.... Mon fils, je le vois, il t'entraîne.... Arrête... Et ces accens douloureux réveillèrent Célicour; ils lui parurent un avertissement du ciel; et sans pénétrer quels rapports sa mère pouvoit avoir eus avec Saint-Remi, il ne balança pas à fuir. La nature étoit calme, un vent nord-est avoit raffermi les sentiers; on n'entendoit plus le bruit effrayant des torrens, et les voyageurs pouvoient sans risque descendre dans les vallées. Clermont n'étoit pas alors dans sa chambre; il se lève, prend quelques louis, le portrait de sa sœur et part. Il descend la montagne, suit le chemin qui le conduit au pont de Beauvoisin ; là, il demande celui de la Grande-Chartreuse. Un guide s'offrit à l'y conduire. Il marchoit lentement, jetant un regard douloureux sur tout ce qui l'environnoit. Le réveil de la nature, surtout dans un pays où elle présente des scènes si variées, parle à l'imagination avec bien plus de force. Adieu, vallons fleuris, je ne vous reverrai plus ; et toi, sexe enchanteur, qui fais le charme et le tourment du nôtre, mes yeux ne rencontreront plus les tiens ; je ne pourrai plus, en voyant les charmes des bergères, les comparer à ceux de mon amie, que je trouvois toujours supérieurs à tout ce qui respire. Je vais mourir d'une mort lente, mais j'échappe au crime ; d'ailleurs elle ne m'aime plus. Quelquefois fatigué, bien plus de ses douloureuses affections que de la route qu'il suivoit, il étoit forcé de s'asseoir au pied d'un arbre : là, il tournoit les yeux sur les champs de Neustrie ; et traversant dans un instant, par la pensée, toute la France, il se trouvoit dans ces bosquets où tant de fois il avoit vu celle que son cœur cherche sans cesse, au même moment qu'il la fuit pour jamais. Mais elle n'est plus, se disoit-il, dans cette retraite que je lui ai rendue odieuse ; elle est sur le bord de l'Océan : elle y voit les vagues se briser auprès des tours orgueilleuses du château d'Ormont ; elle y contemple les agitations de ce terrible élément, et son cœur reste calme. Mais non, je la vois monter sur une chaloupe légère ; elle se rend sur un vaisseau qui part pour l'autre hémisphère. Elle va rejoindre l'ami de son cœur, et moi, je pourrois revoir ces lieux où elle ne reviendra plus ! Et mon fils ! qu'a-t-elle fait de mon fils, de ce dépôt précieux que je lui avois confié ? que deviendra-t-il, quand son père aura prononcé des vœux que rien ne pourra rompre, si celle qui devoit lui tenir lieu de mère a formé d'autres liens ? Mais elle ne peut le rejeter ; il est son neveu, l'enfant de son frère : quelque nom qu'elle porte, il a toujours des droits à sa tendresse. Athanaïse peut me haïr, je lui en ai donné sujet ; mais elle ne haïra pas mon fils ; elle ne l'abandonnera pas comme elle m'abandonne. Suivons, suivons cette triste route ; il faut l'achever. En disant ces mots, il se lève, et avance à grands pas vers le tombeau où il va s'ensevelir vivant. Arrivé à la porte, il récompense son guide et demande le prieur. On le conduit au parloir, on lui présente le livre des sentences, en le priant d'en écrire une. Il prend une plume, et trace d'une main tremblante ces mots :

Je cherche le repos et renonce au bonheur.

Un moment après le prieur entra. Célicour lui dit qu'il ne venoit point comme un simple voyageur, mais avec le dessein formel de ne plus quitter sa maison quand une fois il sera entré. — Et qui peut, Monsieur, vous déterminer à prendre un parti qui demande une mûre réflexion? — Le malheur. — Mais si vous en trouviez encore dans un genre de vie si opposé à celui qu'il paroît que vous avez mené jusqu'à ce jour? — Oh! mon père, il y a près d'un an que je m'y exerce; il y a un an que je vis dans une chaumière, près le lac de Genève, du travail de mes mains, et dans une solitude absolue. Je fuis les hommes, parce que je les hais; je quitte pour jamais un sexe enchanteur, mais qui ne sait point aimer. — Pourrois-je savoir quel étoit votre état avant ce temps? — J'avois des richesses immenses, ce que l'on nomme un rang dans le monde;

mais rien de tout cela ne m'a rendu heureux, et je le quitte sans regret. — N'avez-vous aucun autre lien ? — J'avois une femme vertueuse, aimable ; elle n'est plus : une affaire d'honneur, qui m'a obligé de m'éloigner de France, m'a fait perdre mon régiment. — N'avez-vous donc point d'enfant ? — J'ai un fils. — Vous êtes père, et vous pensez à vous retirer ici ! Ignorez-vous les devoirs que Dieu et la nature vous imposent envers lui ? — Mon fils n'a pas besoin de moi ; il est riche : je l'ai confié à ma sœur. — Comment pouvez-vous vous abuser à ce point ? qui peut remplacer un père pour son fils ? Je crois que madame votre sœur réunit de grands qualités à la tendresse pour votre enfant ; mais sa mère même ne pourroit vous remplacer. Qui guidera ses premiers pas dans la carrière ? Sous qui fera-t-il ses premières armes ? Vous serez responsable devant Dieu des fautes que son inexpérience lui fera commettre, puisque vous l'en auriez garanti. Non, Monsieur, non, je ne puis vous admettre parmi nous. Votre place est marquée dans la société ; vous ne pouvez la quitter sans être coupable. Retournez dans vos terres, élevez-y votre fils ; rendez heureux vos vassaux ; ajoutez aux richesses de votre pays par des expériences sur l'agriculture ; faites fleurir l'industrie et le commerce dans votre province : vous mériterez bien plus de Dieu qu'en vous ensevelissant dans un cloître. Je ne regrette point le parti que j'ai pris ; j'étois jeune, sans fortune, ne tenant à rien dans le monde. Je vins ici chercher une vie douce et innocente ; mais je n'en suis pas moins persuadé que ces institutions sont au moins inutiles et souvent dangereuses, et qu'elles touchent à leur destruction. Prévenez donc la sagesse des lois, qui, tôt ou tard, nous anéantiront, et ne venez pas grossir la foule de ces êtres inutiles dont nos maisons sont remplies... — O mon père ! ne me refusez pas... Si vous saviez les raisons qui m'amènent ici, si vous saviez que je ne puis vivre dans le monde sans être criminel, au moins par mes désirs, vous ne me fermeriez pas cet asile, qui est le seul où je puis trouver le repos et mourir sans remords. — Tout ce que je puis faire pour vous, Monsieur, est de vous offrir de passer quelque temps dans un logement extérieur, où je vous verrai le plus qu'il me sera possible. Vous m'ouvrirez votre cœur ; je tâcherai d'en pénétrer les replis, et de vous donner peut-être les moyens de vous soustraire à la fougue de vos passions, sans manquer aux devoirs que vous avez à remplir comme père et comme citoyen. Vous mangerez à la table des hôtes, et vous serez censé vouloir vous édifier par le spectacle de notre sainte réunion. Je vous demande en grâce de ne parler à personne du désir que vous avez de vous y fixer, afin que vous soyez libre de prendre un autre parti, si, d'après ce que je vous dirai, vous le trouvez plus sage. Célicour fut contraint de se soumettre à la volonté du prieur; celui-ci le conduisit dans le logement qu'il lui avoit destiné, et le quitta, en lui promettant de le venir voir le lendemain.

Straden arriva à Genève le lendemain que Célicour y avoit passé; on lui indiqua sa maison, car on ne savoit pas qu'il en étoit parti. Il y arrivoit avec le plus vif empressement; et quelle fut sa douleur, en n'y trouvant que la veuve, qui lui dit qu'elle ne savoit où il étoit allé, mais qu'elle croyoit que c'étoit en France. Elle l'engagea à se reposer quelques jours : il en avoit grand besoin. Il n'écrivit point à Athanaïse dans la crainte de l'affliger ; il espéroit toujours qu'il rejoindroit Célicour. Après avoir passé trois jours chez la bonne veuve, il se mit en marche ; mais les avalanches le forcèrent de revenir dans la maison que Célicour avoit quittée, et d'y attendre que les routes fussent frayées.

Clermont rentra, comme il avoit coutume, dans la chambre de son maître, après avoir pansé ses chevaux : quelle fut sa surprise de ne l'y pas trouver ! Il descend et demande à Saint-Remi s'il ne l'a point vu. — Non, répond le philosophe. Il va dans le jardin, il l'appelle inutilement. Ce digne serviteur se désole, revient chez Saint-Remi, en disant : — Eh ! mon Dieu, où est-il ? qu'est-il devenu ? — Je m'en doute. — Ah ! Monsieur, dites-le moi.

— Non, il ne faut pas le contrarier. Je pense bien où il est ; mais comme je suis sûr de l'en faire revenir dès que je le voudrai, il est inutile de le tourmenter. Restez ici, dans quinze jours votre maître y sera. — Mais, Monsieur, êtes-vous bien sûr ? — Oh ! très-sûr ; et Clermont disoit : — Mais où est-il ? — Et Saint-Remi lui faisoit toujours la même réponse.

De même que Célicour avoit pu se rendre à la Grande-Chartreuse, aussitôt que la fonte des neiges eut cessé, Straden put aussi traverser les Alpes, et comme il gravissoit avec peine le penchant de la montagne sur laquelle étoit placée la maison de M. de Saint-Remi, il arriva très-fatigué jusqu'au sommet, et fut bien agréablement surpris de voir Clermont qui étoit assis à la porte. — Vous voilà, mon cher, et où est M. de Célicour ? — Hélas ! Monsieur, je n'en sais rien. — Comment, vous n'en savez rien ; et que faites-vous donc ici sans lui ? — Il y a environ un mois que nous y sommes arrivés ; les neiges nous y ont retenus. Avant-hier, Monsieur le marquis en est parti sans rien dire ; cependant M. de Saint-Remi, à qui appartient cette maison, paroit instruit du lieu où il est, et il m'a assuré que d'ici à quinze jours il y reviendroit. Il m'a engagé de rester ici, et de ne faire aucune recherche, parce qu'elle contrarieroit mon maître. Ah ! Monsieur, c'est un singulier homme que ce M. de Saint-Remi ! mais vous en allez juger par vous-même, et il le fit entrer. — Monsieur, dit Clermont à notre philosophe, voilà M. Straden, dont mon maître vous a souvent parlé. — Qu'il soit le bien venu ! répartit M. de Saint-Remi, sans se lever de devant la table où il écrivoit : il fit signe à Straden de s'asseoir. — Oserois-je, Monsieur, vous demander où est M. de Célicour ? J'ai appris à Genève qu'il étoit repassé en France. — Je le crois. — Vous n'en êtes pas sûr? — Peut-on jamais être assuré de quelque chose ? Mille accidens ne peuvent-ils pas changer ce que l'on peut faire? — Mais, Monsieur, je croyois que vous étiez instruit.... — Non, mais j'ai de fortes raisons pour soupçonner dans quel lieu il habite ; cela n'empêche pas que je ne puis l'affirmer. Je vous dirai la même chose qu'à Clermont, c'est que dans dix à douze jours il sera ici; si vous avez quelque chose d'intéressant à lui dire, vous pouvez l'y attendre. — Je crains de vous gêner. — Moi, je ne me gêne jamais, pourvu qu'on n'exige rien de moi. Ma liberté est mon seul bien, et il n'est personne à qui je voulusse la sacrifier. Aussi je la laisse à mes hôtes : l'honnête Clermont vous instruira des usages de ma maison. — Permettez, Monsieur, que je vous fasse encore une question : quelle raison avez-vous de croire que M. de Célicour reviendra ici ? — La plus forte.... Mais permettez aussi que je ne vous la dise pas. Quand vous le verrez arriver il vous en instruira. Straden ne savoit quel parti il devoit prendre ; n'ayant aucun moyen certain pour suivre les traces de son ami, il se décida à l'attendre, et écrivit à Athanaïse tout ce qui s'étoit passé depuis son départ d'Utrecht. Le temps qui s'étoit écoulé entre cette lettre et la première, qu'elle avoit reçue de Straden, avoit été si long, et Julie n'en recevant plus de Clermont, rien n'étoit comparable aux tourmens que madame de Walmore éprouvoit ; sa santé en fut visiblement altérée, et les alarmes de ses amis recommencèrent plus vivement que jamais. Elle attendoit tous les jours des couriers, avec une impatience qu'on ne peut exprimer. Enfin vint une lettre dont elle ne put méconnoître l'écriture; elle l'ouvrit avec précipitation, et y lut ce qui suit :

Lettre de Célicour à Athanaïse.

A la Grande-Chartreuse, le 30 mai 1750.

« Lisez ces derniers témoignages d'un sentiment qui ne s'éteindra qu'avec ma vie : vous le pouvez sans crainte. Le malheureux qui vous l'adresse ne troublera plus votre existence ; la sienne est retranchée pour toujours de la société. Je vis, et des murs impénétrables nous séparent. Il fut un temps où vous auriez éprouvé quelque regret de me voir prendre ce parti, le seul qui pouvoit convenir à ma triste situation ; mais à présent, votre cœur, rempli d'un autre sentiment, ne se souvient plus que je vous fus cher. Je ne vous en fais plus de reproche ; celui qui renonce à tout n'en a plus le droit. Je vous recommande mon fils, dont je vous nomme tutrice. Présentez mes respects à tout ce qui vous appartient.... Je n'ose vous prier de me répondre ; je crains de lire dans votre lettre la confirmation d'un malheur contre lequel mon cœur n'est pas préparé. Si vous avez changé de nom, si un autre a reçu de vous des droits que j'ai cru si long-temps m'être réservés, oh ! par pitié, ne me le dites pas.... Adieu.... je vous adore ; adieu pour jamais....

CÉLICOUR. »

Cette lettre, toute déchirante qu'elle étoit, donnoit à Athanaïse la certitude que Célicour vivoit ; que Straden, à qui elle en envoya sur-le-champ copie,

pourroit

pourroit le rejoindre; mais elle tremloit qu'il n'eût déjà prononcé ses vœux. Elle pria son oncle de lui écrire; elle ne se sentoit pas la force de le faire : elle se rappeloit d'ailleurs que c'étoit une lettre écrite dans des temps plus heureux, qui avoit causé tous ses maux. M. d'Ormont, malgré tout le ressentiment qu'il conservoit contre Célicour, ne put résister à ce qu'elle désiroit, et lui écrivit en ces termes :

Lettre du comte d'Ormont au marquis de Célicour.

A Célicour, le 12 juin 1750.

« Que répondre à votre lettre, Monsieur ? Vous dire que vous avez détruit vous même votre bonheur ? hélas ! vous ne le savez que trop. Dois-je refuser à ma nièce de vous exprimer ses sentimens? D'ailleurs, qui peut mieux qu'elle se faire entendre à votre cœur, où elle règne encore? Ecoutez-la donc. Sa santé est épuisée par toutes les secousses qu'elle a essuyées; sa langueur, je ne vous le cache pas, nous fait trembler pour ses jours, et dans cet état où la nature défaillante semble, dans les âmes vulgaires, se reporter entièrement sur elle-même, ma malheureuse nièce paroît acquérir un nouveau degré de sensibilité et d'attachement pour tout ce qu'elle aime. Je vous dirai donc, puisqu'elle le veut, que vous lui êtes encore cher, et que votre malheur est le seul mal qu'elle ne puisse supporter. Dites-lui, a-t-elle ajouté, que je lui défends, au nom des droits que les maux qu'il m'a fait me donnent sur lui, de se lier, par des vœux qui ne lui laisseroient plus aucune ressource aux consolations de l'amitié et de la nature....

Je vais bientôt mourir, c'est toujours elle qui parle ; je le sens, mais il ne doit pas au moins rendre ma mort affreuse : c'est assez pour lui d'en avoir été cause, et si, en quittant ce triste séjour, je savois qu'il ne tient plus à rien, qu'il consume ses jours dans un cloître, je le répète, ma mort seroit accompagnée de toutes les horreurs du désespoir. Je veux, oui, je veux qu'il conserve son état ; lorsque je ne serai plus, qu'il emploie toute la force de sa raison pour affoiblir en lui l'idée de nos erreurs, et qu'il s'occupe uniquement de son fils. C'est la dernière volonté de sa sœur, qui ne le reverra point avant sa mort, mais qui veut qu'aussitôt que son âme aura été réunie à l'Etre suprême, il vienne pleurer sur sa tombe. C'est là que mon esprit viendra recueillir ses larmes, et porter la paix dans son cœur déchiré que je n'ai jamais cru coupable. Si le Dieu de toutes les bontés daigne m'admettre en sa présence, mes vœux ne seront que pour mon cher Célicour, que j'aimerai jusqu'à mon dernier soupir. Voilà, Monsieur, ce que m'a dit votre Athanaïse : seriez-vous assez cruel pour empoisonner ses derniers momens ? Quittez donc ce tombeau où elle ne peut supporter l'idée de vous savoir enfermé. Je vous offre le château d'Ormont, pour y attendre la suite de la maladie de ma nièce ; peut-être nous sera-t-elle rendue si vous faites ce qu'elle désire. Mais si au contraire vous persistez dans votre funeste résolution, vous ne pourrez douter que c'est lui mettre un poignard dans le sein. J'espère et vous demande, au nom de notre ancienne amitié, que la première lettre que je recevrai de vous soit datée d'Ormont; c'est le seul remède aux maux affreux que souffre Athanaïse, etc. »

Célicour répondit au comte d'Ormont, qui lui avoit adressé cette lettre par un courier.

Lettre de Célicour au comte d'Ormont.

À la Grande-Chartreuse, le 15 juin 1750.

« C'est à ma raison que vous voulez parler, et vous me nommez celle dont je ne puis prononcer ni écrire le nom ! Ah ! mon cher comte, comment voulez-vous que j'en conserve, quand vous me dites qu'elle est mourante, et que c'est moi... moi qui aurois sacrifié mille fois ma vie pour elle ! Non, je n'ai plus de raison, non, je ne puis plus en avoir ; elle me pardonne, et ne veut plus me voir. Mais moi, insensé.... moi, j'oserois me présenter devant elle ! Grands Dieux ! que la terre m'engloutisse plutôt que d'approcher de celle qu'elle habite !

Elle m'ordonne de vivre, et veut que j'aille sur sa tombe.... Quelle idée a-t-elle donc de mon cœur ? Moi, vivre quand elle ne sera plus !... non, elle ne le croit pas. Non, je ne suis pas assez malheureux pour qu'elle puisse le croire. Je ne réponds point à tout le reste ; si elle meurt je mourrai ; je ne prononcerai pas de vœux, puisqu'elle me le défend, vous pouvez l'en assurer : le reste me regarde seul. Je ne puis quitter ces rochers, ils conviennent à ma douleur ; je n'irai point à Ormont ; c'est impossible. »

Dix jours après l'arrivée de Straden chez M. de Saint-Remi, Clermont vit entrer dans la maison une vieille paysanne du pays de Caux, qu'il crut reconnoître. Dès que le philosophe l'aperçut, il se leva avec empressement, chose bien rare, et allant à sa rencontre, sans lui donner le temps de parler à personne, il l'emmena dans sa chambre, d'où il ne sortit point de la journée. Le soir, Saint-Remi donna ordre à son charretier de mettre les chevaux à sa cariole, et dès la pointe du jour, il monta en voiture avec la vieille. Clermont la reconnut comme elle sortoit de la maison; il vint éveiller Straden. — Voilà qui est bien singulier, lui dit-il; je vous avois dit qu'il y avoit ici une femme du pays de mon maître, je l'ai vue ce matin en pansant nos chevaux: c'est Marguerite, du village d'Ambleville.... Que signifie ce mystère? Monsieur de Saint-Remi est parti avec elle. Marie dit qu'il y a plus de ving ans que son maître n'est sorti de chez lui; il lui a recommandé d'apprêter pour demain un bon souper, disant qu'il arriveroit avant la nuit.... J'avois bien envie de monter à cheval et de les suivre... mais, je n'ai rien voulu faire avant de vous consulter. Straden lui représenta que ce seroit manquer au devoir de l'hospitalité ; que le secret étoit une propriété qu'on ne devoit jamais violer, et dès que M. Saint-Remi avoit dit qu'il reviendroit le lendemain, il falloit attendre l'explication de cette énigme, s'il vouloit la donner.

Notre philosophe ayant à ses côtés la bonne Marguerite, se fit conduire à la Grande-Chartreuse, et faisant rester sa compagne de voyage dans sa voiture, il entre seul dans la maison, et demande à parler au prieur. Dès qu'ils furent réunis, M. de Saint-Remi s'informa si M. de Célicour n'étoit pas dans la maison Chartreuse. — Oui, Monsieur ? — Pourrois-je le voir ? — Oh! bien facilement ; il est dans le logement des hôtes : je vais vous y faire conduire. Célicour étoit dans sa chambre, assis auprès d'une table sur laquelle il y avoit une lettre ouverte, la tête appuyée dans ses mains. Il étoit tellement abîmé dans ses réflexions, qu'il n'entendit point ouvrir la porte, et ne fut tiré de sa rêverie que par la voix de Saint-Remi, qui lui dit en entrant : — Je n'avance rien que je ne le prouve, autant que l'on peut prouver quelque chose. Lisez; il posa sur la table un mémoire et des lettres: — J'ai amené un témoin irrécusable.... c'est la bonne Marguerite. — Marguerite d'Ableville, la nourrice de madame d'Ableville, morte peu de mois avant ma mère, sa cousine, son amie! — Oui, lisez... Puis monsieur de Saint-Remi s'assit tranquillement à côté de Célicour, qui parcouroit le manuscrit avec une avidité extrême; mais quand il eut lu quelques pages : — Dieux! s'écria-t-il en se jetant dans les bras de M. de Saint-Remi, vous êtes mon père! Athanaïse n'est pas ma sœur, et il tomba sans connoissance. — Là, là, voilà de nos extravagans, comme si on n'étoit pas maître de soi; et appelant du secours, le frère infirmier et plusieurs autres arrivèrent ; ils mirent Célicour sur son lit. La connoissance lui revint aussitôt, et avec elle le sentiment de son bonheur. — Où est-elle, cette bonne Marguerite? — Je l'ai laissée dans ma voiture, grâces au bizarre usage de cette maison; elle n'auroit pu, malgré son âge et sa laideur, pénétrer même dans l'avant-cour. — Ah! mon père, je veux la voir. — Eh bien, sortons d'ici. — Je ne le puis sans prendre congé du père prieur, de cet homme respectable qui a cherché tous les moyens d'adoucir ma douleur, et de me détourner du parti que je voulois prendre. — Et qui, conviens-en à présent, mon cher fils, eût été bien inutile. — Oh! à présent, j'en conviens; cependant ces lumières me parviennent trop tard, et en vain je me trouverois libre d'offrir à celle que j'adore d'unir mon sort au sien. Elle ne m'aime plus; que dis-je? elle en aime un autre : puis je n'ai plus d'état, de rang dans la société, et fort peu de fortune. — Ah! voilà ce que j'avois prévu, et ce qui me faisoit désirer de ne pas vous révéler ce fatal secret. Cependant vous pouvez encore le taire; Marguerite le conserve depuis vingt ans, et je suis bien sûr qu'elle ne le trahira pas. — Quoi! mon père, je pourrois usurper des droits qui ne m'appartiennent pas! j'en suis seulement affligé pour mon fils; mais il aura toujours le bien de sa mère : il a pour lui les lois, qui ne punissent pas une erreur comme un crime. Mais allons voir Marguerite. Il fit engager le prieur de passer chez lui; et après l'avoir remercié de ses bontés, il sortit avec son père pour rejoindre la cariole.

Dès que Marguerite l'aperçut, elle descendit de la voiture et vint à lui; elle le serra dans ses bras. — Ah! mon cher fils! pardon, Monseigneur, que je suis donc bien aise de vous voir! Ah! comme tout le monde au pays va être content, et puis madame milady Walmore! Oh! elle étoit bien malade quand je sommes partie; bien, bien malade, vous dis-je; mais elle sera si fort aise de revoir son frère.... — Qui ne l'est pas, reprit Célicour. — Bah! vous le serez toujours; on dit que cela ne fait rien. — N'importe, ma bonne Marguerite, je suis bien enchanté de vous revoir. — Eh bien, partons pour ma chaumière : nous y serons demain. — Cela ne se peut, mon père. — Pourquoi? — Il faut que j'aille à Grenoble. — Quelle affaire y avez-vous? — C'est pour y faire dresser les actes nécessaires. — Cela n'est pas si pressé.... il faut réfléchir. — Oh ! mes réflexions sont toutes faites : peut-on hésiter un moment pour ce que l'honneur et la probité exigent ? Le philosophe fut obligé de faire ce que vouloit son fils ; ils regagnèrent la première poste, et renvoyèrent les chevaux avec le conducteur. M. de Saint-Remi avoit dit à son fils que Straden l'attendoit chez lui ; il chargea le charretier d'un billet pour son ami.

Billet de Célicour à Straden.

A la poste, près la Grande-Chartreuse, le 20 juin 1750.

« Que je suis touché, mon cher Straden, des témoignages de votre amitié, qui vous a fait retrouver mes traces ! Dans trois jours je serai près de vous, et j'espère que nous ne nous quitterons plus. Je suis tout à la fois heureux et infortuné. Cependant il est si doux de n'avoir plus à redouter d'être criminel, que, malgré tout ce que je perds, je rends grâces au ciel de m'avoir découvert un secret qui m'a rendu si long-temps malheureux. Dans trois jours vous en saurez davantage. Dites, je vous prie, à Clermont, qu'il soit sans inquiétude ; il me restera toujours des moyens de rendre son sort heureux. »

Quand ils se furent remis en route, Saint-Remi le fils, car enfin il ne faut plus le nommer Célicour, disoit à son père : Quel enchaînement de circonstances ! Je serois mort de joie si Athanaïse n'avoit pas changé. — Oh ! oui, elle est bien changée, dit Marguerite; elle est si maigre, si pâle ! mais c'est ce qu'il y a de meilleur au monde. — Y a-t-il long-temps qu'elle est venue à Célicour? — Ah! dame, oui: c'étoit avant qu'on eût dit que vous aviez tué ce vilain chevalier d'Apremont, qui, cependant se portoit bien; mais il y a eu une bonne ordonnance qui l'a fait repartir pour le Canada. Oh! ça a fait plaisir à tout le pays, et puis on dit qu'il a fait peur à madame Milady quand elle étoit à Ormont. Je ne savons pas ça bien clairement; mais que voulez-vous, je ne savons si elle ne l'aimoit pas un p'tit brin: car depuis qu'il est parti elle a toujours été malade. — Oh! oui, elle l'aime: que je suis malheureux! Mais quand elle ne l'aimeroit pas, ses parens consentiroient-ils à lui voir épouser un enfant naturel? — Autre sottise, reprit son père: est-ce que vous ne vouliez pas bien l'épouser, quand vous vous croyiez un grand seigneur, et que vous pensiez qu'elle n'étoit qu'un enfant trouvé ? Ah ! mon Dieu, toujours des préjugés ! Quand les hommes cesseront-ils d'être les victimes de semblables misères ? Mais si vous croyez qu'elle ne vous aime plus, vous avez bien tort de perdre tous ces biens auxquels vous tenez tant ; restez son frère, cela dépend de vous : Marguerite ne dira rien.— On me tueroit plutôt, dit la bonne vieille, que de vous faire tort. — Non, non, reprit le jeune Saint-Remi, qu'elle m'aime ou non, je lui dois la vérité ; je me la dois à moi-même, et rien ne m'empêchera de la faire connoître. Ils arrivèrent à Grenoble, où Saint-Remi fils, avec son père, accompagnés de Marguerite, se rendirent chez le juge, pour y faire leur déclaration ; delà ils retournèrent à l'auberge où ils étoient descendus, et tandis que l'on expédioit tous ces actes, il écrivit à celle qui n'étoit plus sa sœur, mais qui ne lui en étoit que plus chère.

Lettre de Saint-Remi le fils à madame de Walmore.

A Grenoble, le 20 juin 1750.

« O toi, que toujours j'adorai, toi, que je puis nommer maintenant sans crime; lis ces preuves qui rendent légitime l'amour que je te conserverai jusqu'à mon dernier soupir! Mais toi, tu ne m'aimes plus... Que t'importe que je puisse t'avouer sans rougir un sentiment qui n'a plus pour toi aucun charme... et tandis que tu meurs de regret d'être séparée d'un rival que tu me préfère, pourras-tu partager ma joie?.... Non, Madame, je le sens, je n'étois pas digne de vous, et le fils naturel de Saint-Remi ne pourroit prétendre à votre main, quand même votre cœur seroit libre. Il fut un temps où je l'aurois espéré, mais ce temps n'est plus. Je viens d'écrire au ministre, sous le nom que je portois encore il y a quelques heures ; car le mien seroit trop obscur pour qu'il fît attention à ma demande, pour le presser vivement de lever la lettre de cachet qui vous sépare de l'objet de votre amour : peut-être me saurez-vous quelque gré de cet effort. Je vous prie de garder mon fils jusqu'au moment où M. d'Apremont sera de retour... Alors, vous me le renverrez sous la conduite d'un ami qui ne m'a point abandonné dans mon malheur, du fidèle Straden, qui ira le chercher à Célicour, et me le ramènera à la chaumière, où je l'élèverai avec la simplicité qui convient au nom qu'il portera. Il sera mon unique occupation, ma seule consolation ; je me dirai, en le voyant, il a reçu ses tendres soins et ses douces caresses. Je reprendrai sur ses joues les baisers que vous lui avez sûrement donnés, en pensant à son malheureux père, il me parlera de vous. J'entretiendrai dans son âme le souvenir de votre tendresse; et plus heureux que moi, lorsqu'il sera capable de voler de ses propres ailes, je le renverrai dans le pays que vous habitez, où, malgré le sort, on ne pourra lui refuser de conserver la propriété des biens de sa mère. Il vous y verra, il vous dira que toujours, toujours je vous adorai; mais que mon respect égale mon amour, qui jamais ne s'opposera à votre bonheur. Ah! puisse-t-il égaler vos vertus! Dites à tout ce qui vous entoure et mon étonnante histoire, et mes regrets de ne plus espérer jouir du bonheur de vivre dans une société intéressante, et dont je me reproche d'avoir troublé trop long-temps la douceur ; mais mon silence lui rendra la paix, tandis qu'elle fuira pour jamais de ce cœur qu'Athanaïse a pu connoître, et qu'elle a dédaigné, un autre.... Ah! je sens tous les maux qui me déchirent depuis ce fatal moment... Ah! mon Athanaïse, pourquoi n'es-tu pas restée sans parens, sans nom, sans fortune? La mienne, quoique très-médiocre, eût pu convenir à ta situation, et tu te serois trouvée heureuse sous l'humble toît de mon père. Ah! si tu n'aimois pas un autre... tu ne balancerois pas. Je t'estime trop pour te croire capable de préjugés ; mais j'ai tout perdu du jour où tu as cessé de m'aimer : je n'ai plus qu'à mourir. Mon père veut écrire à M. d'Ormont ; permettez que je joigne sa lettre au paquet, qui contient tous les actes qui vous sont nécessaires pour rentrer dans l'entière possession de vos biens, et pour la restitution de ceux d'Ableville. Ah ! ce ne sont point eux que je regrette, un seul, un seul est digne de mes regrets ; que cette perte est grande ! Jamais je ne m'en consolerai. Adieu, la plus belle, la plus charmante des femmes; adieu, femme adorée du malheureux....

SAINT-REMI. »

Je ne puis me dispenser de transcrire la lettre de Saint-Remi le père au comte d'Ormont, parce qu'elle accompagnoit l'histoire de sa vie.

Lettre de M. de Saint-Remi le père au comte d'Ormont.

A Grenoble, le 20 juin 1750.

« Quoique je n'aie pas l'honneur de vous connoître, mon fils m'a parlé de vous, M. le comte, avec tant d'éloge, que je crois nécessaire de vous instruire de la situation de celui qui fut votre ami.

» Il a bien fallu finir par lui tout dire; car sans cela il seroit mort ou chartreux: ce qui est tout un. Il a pris la chose au grave; il renonce tout de bon à madame de Walmore, aux biens qu'il a possédé, et prend mon nom. Sur cela je n'ai rien eu à lui dire, je crois que c'est bien fait; mais ce qui est mal et très-mal, c'est qu'il regrette ces mêmes biens et son nom; il auroit bien voulu n'être plus le frère de madame Athanaïse de Célicour, mais rester un très-grand seigneur. Le pauvre jeune homme, il tient bien encore aux misères; j'en suis fâché pour lui: je ne lui demandois aucun sacrifice. Je n'avois rien fait pour moi, je ne voulois pas qu'il parlât de toutes ces inepties; car au fait, que les biens soient à Pierre ou à Jacques, c'est à peu près indifférent;

mais il l'a voulu, et dit qu'il demeurera avec moi : à la bonne heure, si cela lui est agréable. Moi, j'étois si accoutumé à ma manière d'être, que je n'ai nul besoin de trouver un fils. Il vient, il a besoin de moi, je ferai de mon mieux pour qu'il soit heureux. Je crois qu'il ne peut l'être sans madame votre nièce, qui, au fait, feroit aussi bien de l'épouser que son chevalier d'Apremont, dont le caractère ne me paroît pas très-loyal. Mais vous autres nobles, vous avez tant de préjugés, qu'on ne peut savoir ce qui vous convient. Cependant j'espère toujours que vous ne rendrez pas ma confidence inutile, et que vous serez bien persuadé des sentimens, etc.

» Je joins ici, M. le comte, mes mémoires, où vous trouverez l'enchaînement de ses singulières destinées. »

Mémoire de Louis-Jérôme Saint-Remi.

« Je suis originaire de Belesme ; mes parens cultivoient leurs champs. Mon bis-aïeul crut avoir plus d'esprit qu'eux, il se fit avocat, devint bailli d'une justice royale. Son fils entra dans la finance et mourut très-jeune. Mon père fit plusieurs états, qui tous étoient ce que l'on nomme honnêtes, comme si tous les états ne l'étoient pas, dès qu'ils ne troublent pas l'ordre de la société. Il eut eut une assez belle fortune, et voulant m'attacher aux affaires étrangères, il me fit voyager d'assez bonne heure. J'avois au plus dix-huit ans quand j'allai en Angleterre ; là, je me dépouillai de tous les préjugés de ma nourrice. C'est là que j'appris à priser l'homme pour lui-même, à l'estimer d'autant plus qu'il est plus libre, et à savoir que

La liberté consistoit à ne tenir à rien qu'à soi-même, non pas ce soi que l'on appelle corps, mais la partie pensante de nous-mêmes. Qu'ainsi on étoit parfaitement libre quand on savoit souffrir la faim, la soif, le froid, la dure, et surtout quand on n'abandonnoit son cœur à aucune passion, et que nos sentimens étoient tellement réglés, qu'ils ne nous causoient jamais aucune émotion.

» Je revins en France à l'âge de vingt ans. Mon père, qui aimoit assez les grands seigneurs, s'étoit lié avec le comte de Célicour, marié depuis peu à mademoiselle d'Ableville. Il engagea mon père à passer quelque temps chez lui à la campagne; et comme je débarquois à Calais, je reçus une lettre de lui, qui me disoit de le venir rejoindre à Célicour. Je fus reçu à merveille par le comte et la comtesse, et dès le lendemain, je vis chez eux mademoiselle d'Ableville, cousine-germaine de madame de Célicour, fille des deux frères. J'avoue que je n'ai rien vu de plus beau dans la nature : de grands yeux noirs et vifs, des dents superbes, une taille de nymphe ; elle avoit quinze ans. Son père, homme dur et sauvage, la traitoit mal ; sa mère étoit morte depuis un an, et n'ayant point eu d'autre enfant qu'Eléonore d'Ableville : c'étoit le plus grand parti de la province. Je ne connoissois point l'amour, et grâce au destin je ne l'ai jamais connu ; mais une belle femme enflammoit mes sens et ne touchoit pas mon cœur. Je vis bientôt que je n'étois pas indifférent à la belle cousine ; car c'est ainsi qu'on l'appeloit dans la société. Un autre auroit cherché à mettre à profit cette bienveillance, en tâchant d'obtenir, du comte d'Ableville, sa fille en mariage ; mais outre que cet homme étoit très-entiché de sa noblesse, et qu'il m'auroit probablement refusé, comme il le fit peu de mois après, j'avois pour le mariage infiniment d'éloignement; et rien ne me paroissoit plus bizarre que cet engagement. Je ne laissai pas cependant de chercher à plaire à Athanaïse; et croyant enfin être parvenu au point de me faire pardonner mon audace, je me glissai dans la chambre de mademoiselle d'Ableville, qui étoit auprès de celle de son père. A l'instant où elle m'aperçut, elle fit un cri d'effroi, qui, heureusement, ne fut pas entendu par le comte. Je lui fis sentir son imprudence; elle parla bas pour m'ordonner de sortir. Je n'en voulus rien faire; elle me menaça d'appeler son père. Je commençai à croire que j'avois fait une imprudence, car j'étois mort, si le comte m'avoit trouvé chez elle. Je parvins à la calmer, en ne paroissant que vouloir causer librement avec elle ; ce que je ne pouvois obtenir de tout le jour. Bientôt la conversation s'anima. J'avois vingt ans, elle en avoit quinze ; elle étoit belle, et moi plein de feu : elle oublia que son père étoit aussi près d'elle, et moi, que n'aurois-je pas oublié en la voyant ! Enfin, la nuit alloit finir, et le soleil eût éclairé nos plaisirs, quand le bruit d'une porte nous tira l'un et l'autre de notre profonde sécurité ; c'étoit celle de l'appartement du père d'Eléonore, qui donnoit dans la chambre de sa fille. Il ne fit que l'entr'ouvrir, pour lui dire qu'il alloit à la chasse, et qu'il vouloit lui parler avant de partir. Elle s'habilla promptement, entra chez lui, et me laissa dans sa chambre, non sans mourir de frayeur que son père y rentrât avec elle.... Mais notre bon génie, ou le Dieu qui préside à l'amour, lui ôta toute autre idée que celle de la chasse. Après avoir donné quelques ordres à sa fille, il partit ; elle revint me trouver, et je saisis cet instant favorable pour m'échapper de chez elle. Nous nous réunîmes au déjeûner. Je la revis plus belle que jamais ; ses yeux, humides encore des larmes de la volupté, avoient plus d'éclat, et sembloient me demander d'être à elle pour jamais. Je ne lui avois rien promis ; mais ses charmes auroient été mes garans, si des circonstances, qui ne dépendoient pas de moi, n'en eussent ordonné autrement. Elle chercha l'occasion où nous pouvions nous trouver seuls dans le salon, pour me faire promettre de ne plus m'exposer à un aussi grand danger. Je vous jure, ajouta-t-elle, de n'être jamais qu'à vous. Faites l'impossible pour m'obtenir de mon pére. Je ne lui répondis qu'en la serrant dans mes bras. Trois jours se passèrent ainsi, et je ne doute pas que si j'avois pu m'unir avec elle, je ne l'eusse aimée, et qu'elle n'eût peut-être vaincu ma répugnance pour tout lien. Ce ne fut pas sans peine que je vis mon père se disposer à quitter le château de Célicour. Je demandai inutilement à Eléonore de lui prouver encore l'excès de mon délire : elle s'y refusa absolument, et prit toutes les précautions pour que je ne pusse pas la tromper. Ses portes furent fermées avec la plus grande exactitude ; mais si elle se refusa aux preuves de mon ardeur, elle n'en étoit pas moins tendre, et l'instant où je la quittai me fit vraiment éprouver un sentiment douloureux.

» Arrivé à Paris, d'autres objets me la firent bientôt perdre d'idée, non que je lui fusse infidèle, mais l'amour des sciences et des arts m'occupoit entièrement. Elle m'avoit dit de lui écrire, et m'en avoit donné les moyens : soit prudence, soit paresse, je ne les employai pas. Enfin, je reçus d'elle ce billet.

Billet de mademoiselle Eléonore d'Ableville à L. J. de Saint-Remi.

A Ableville, le 20 septembre 1720.

« Vous qui m'avez oubliée, vous qui m'avez perdue, si vous m'abandonnez, abandonnerez-vous l'être qui vous devra le jour, et ne le verra-t-il que pour être condamné à l'abhorer ? Je ne vous en dis pas davantage ; c'en est assez, si vous conservez la plus légère sensibilité, et c'est trop, si vous êtes le plus ingrat des hommes.

ELÉONORE D'ABLEVILLE. »

» J'avoue que ce billet me dérangea

infiniment ; mais cependant je sentis que je ne pouvois manquer à ce que je devois, et me résolus d'en parler à mon père, pour l'engager à demander pour moi mademoiselle d'Ableville en mariage. Comme je réfléchissois sur la manière dont je m'y prendrois, on vint m'avertir que mon père se trouvoit fort mal, et quand je descendis il n'étoit plus. Je lui rendis les derniers devoirs, et alors me trouvant maître de ma fortune et de mes actions, je partis pour Célicour, où je reçus mille témoignages de sensibilité sur la perte que je venois de faire. Je m'informai de la belle cousine, on me dit qu'elle étoit malade. Je demandai à la comtesse la permission de l'accompagner à Ableville la première fois qu'elle iroit ; elle me le promit, et deux jours après nous nous y rendîmes. Le comte nous fit monter dans la chambre de sa fille, qui étoit dans son lit. Son extrême pâleur, sa maigreur, m'auroient empêché de la reconnoître. Je m'approchai de son lit, et lui dis que personne ne prenoit plus d'intérêt que moi à son état. Ma vue parut la ranimer ; elle me serra la main avec la plus touchante expression, et me fit signe de ne pas lui en dire davantage. Dès le lendemain, elle fut en état de descendre dans le salon : ce qui fit grand plaisir à son père, qui, quoiqu'il fût dur, l'aimoit cependant beaucoup. Je lui dis, dans un moment où nous étions seuls, qu'elle pouvoit être assurée que j'emploierois tout ce qui seroit possible pour réparer mes torts, et que dès demain je comptois prier le comte de Célicour de porter les premières paroles à M. d'Ableville. Elle me témoigna sa reconnoissance avec la plus grande sensibilité, et je lui tins parole. Je revins à Célicour, et je dis au comte tout l'intérêt que la cousine de sa femme m'avoit inspiré, et que je le priois de vouloir sonder les dispositions de M. d'Ableville à mon égard. Il me répondit avec beaucoup d'amitié, mais ne me laissa pas ignorer qu'il craignoit que le comte d'Ableville tînt à la fantaisie de faire présenter sa fille, mais qu'il me promettoit de lui parler pour moi. Il alla le lendemain à Ableville ; il revint le soir même, et me dit : J'ai de mauvaises nouvelles à vous apprendre, mon cher Saint-Remi ; j'ai été bien mal reçu : j'ai eu beau vanter votre fortune, votre bonne conduite, votre amour pour la belle cousine, je n'ai rien obtenu. On m'a même signifié de ne pas vous ramener davantage, et que l'on ne mettroit pas le pied chez moi tant que vous y seriez. — J'en suis vraiment fâché, lui dis-je. C'est donc bien décidé ? — Oh ! oui, très-décidé. — Eh bien, je crois alors que ce qui me reste de mieux à faire est de partir. — Je ne dis pas cela. — Non, mais vous le pensez, c'est tout de même. Ainsi, demain je prendrai congé de vous pour me rendre au Hâvre, d'où je m'embarquerai pour aller en Pensylvanie. Il y a long-temps que je désire voir le berceau de la société des quakers. — Il me paroît que vous prenez votre parti légèrement. — Et voulez-vous que je sois comme un fou, parce que M. le comte d'Ableville ne me trouve pas assez bien né pour être son gendre? De bonne foi, ce seroit plus beau, plus touchant, mais je ne suis pas du tout héritier de feu Céladon. J'aurois été fort aise d'épouser la belle Eléonore; son père ne le veut pas, ce n'est pas ma faute. Je vous prie seulement de dire à la belle cousine que j'avois osé la demander en mariage. — Je vous le promets. Nous soupâmes. Je me couchai, très-content d'avoir rempli ce que je devois, et d'échapper au joug: je partis dès le lendemain sans prendre congé de la comtesse. Je fus sept ans sans revenir dans ma patrie. Enfin, après avoir acquis des connoissances assez inutiles, et détruit entièrement ma fortune, je retournai en France. En débarquant, je me ressouvins d'Eléonore, et voulus savoir comme elle s'étoit tirée d'affaire. J'arrive au château de Célicour, j'y trouve le comte qui avoit quitté le service, et s'occupoit du soin d'élever un fils qu'il avoit eu de sa femme trois mois après mon départ. Il m'apprit que la belle cousine étoit morte de la maladie dont elle étoit attaquée lorsque je l'avois vue à Ableville; que sa femme l'avoit précédée, dans ce terrible passage, de peu de jours, et que pour lui, il n'avoit éprouvé que des chagrins et des douleurs, et que sans son fils la vie lui seroit insupportable ; qu'il en adoucissoit seul l'amertume, et que ses heureuses dispositions lui promettoient au moins quelques douceurs dans ses vieux jours. Je partageai ses regrets sur la perte des deux cousines, et son amitié pour son fils, à qui je trouvai des traits d'Eléonore : ce qui ne me surprenoit pas, car les deux cousines se ressembloient infiniment. Le comte m'engagea à rester quelque temps avec lui ; j'y consentis d'autant plus volontiers, que je revoyois avec une sorte de volupté ces lieux où j'avois connu, pour la première fois, le plus grand des plaisirs.

» Un jour, que je me promenois seul, je vis venir à moi une paysanne qui n'étoit pas très-jeune, et que je croyois reconnoître. — N'est-ce pas, me dit-elle, à M. Saint-Remi que j'ai l'honneur de parler ? — Oui, lui dis-je. — Reconnoissez-vous Marguerite ? — Quoi !

la nourrice d'Eléonore? — Hélas! oui. J'ai bien des choses à vous dire et des lettres à vous remettre. Ah! vous avez bien fait répandre des larmes; sans vous j'aurois encore ma fille. Comme elle vous aimoit, la pauvre enfant! Votre nom a été le dernier qui soit sorti de sa bouche. Mais venez à notre maison, je vous conterai tout ça. Je m'y rendis aussitôt, et m'étant assis auprès d'elle, elle me dit qu'aussitôt qu'Eléonore avoit appris mon départ, elle s'étoit évanouie; qu'elle étoit alors seule auprès d'elle; qu'elle avoit, en reprenant ses sens, bien des fois répété mon nom; que, dans cet instant, elle lui avoit fait des questions, et qu'elle lui avoit fait part de son embarras; qu'elle lui avoit promis que personne ne s'en apercevroit, et qu'elle lui donneroit tous les secours possibles; qu'il ne falloit qu'obtenir de son père la permission d'aller à Célicour. Elle me laissa arranger tout comme je voudrois. Je savois assez bien prendre l'esprit de ce brave homme. Je lui fis entendre que l'air d'Ableville ne valoit rien pour sa fille, qu'il falloit qu'elle allât à Célicour : il y consentit, et nous partîmes. Les deux cousines se parlèrent, et la chère comtesse promit tous secours à sa pauvre amie. Hélas ! elle lui a bien tenu parole. Mademoiselle d'Ableville resta dans son lit ; sa cousine étoit grosse, et c'étoit une joie infinie pour le comte. Autant l'une étoit heureuse de devenir mère, autant l'autre étoit triste et honteuse. Le moment arriva pour l'une et l'autre le même jour ; ce qui fut très-heureux, parce que cela détourna tout le monde de la chambre de ma pauvre fille. Elle mit au monde un fils, et la comtesse aussi un : ils étoient tous deux beaux comme le jour, et se ressembloient comme leurs mères.

Eléonore ne voulut point se séparer de son fils, et le nourrissoit en cachette, tandis que sa cousine remplissoit le même devoir. Il y avoit à peine six jours que les deux enfans étoient nés, que madame la comtesse voulut voir sa cousine; elle lui porta son enfant. Nous n'étions que nous trois, et ayant fermé la porte, elle voulut embrasser l'enfant de sa cousine. Elle le prit dans ses bras, et lui promit de lui servir de mère. A ce moment elle avoit cessé de l'être; le pauvre petit Célicour perdit la vie sans que nous nous en soyons aperçues. Elle me rend votre fils, veut reprendre le sien; elle le trouve sans mouvement. Elle succombe à sa douleur, puis tout à coup, embrassant Eléonore: — Ah! ma cousine, l'amitié m'inspire.... Donne-moi ton fils; épargnons à mon mari la douleur d'avoir perdu le sien, et à toi, celui de voir languir sans nom et sans état l'enfant de la tendresse. Je ne lui laissai pas le temps de réfléchir ; je revêtis votre fils des langes de son cousin, et le remettant dans les bras de madame de Célicour, je lui dis : Voilà maintenant votre fils. — Que faites-vous, ma chère Marguerite ? s'écria Eléonore. Si jamais cette fraude est découverte.... — Qui pourra la révéler ? lui dis-je ; nous sommes seules : laissez, laissez, ne refusez pas la fortune de votre fils... J'emportai le fils de Célicour dans ma chambre, dans la crainte que la comtesse ne changeât d'avis. J'ouvris la porte, et prenant votre fils dans mes bras, je descendis dans la chambre de madame de Célicour, où ses femmes ne s'aperçurent pas de ma supposition. Un moment après, M. de Célicour entra et me demanda son fils. Je lui dis que madame venoit de lui donner à tetter, et que l'enfant dormoit. Il m'étoit essentiel qu'il ne le vît pas dans ce moment, parce qu'il devoit faire un voyage, et je trouvois que quinze jours d'absence étoient plus que suffisans pour que l'on ne pût pas se douter que l'on eût changé son fils. Les deux cousines étoient restées ensemble. La comtesse descendit enfin ; elle avoit l'air agité. Cependant votre fils jeta un cri ; je le pris dans son berceau et le lui apportai. Elle le reçut avec un tremblement qui nous auroit perdu, si le comte eût été là : elle lui présenta le sein, l'enfant le prit et s'endormit. Le comte entra, vint embrasser sa femme, souleva la couverture du berceau ; mais comme j'avois caché le visage de l'enfant, il ne put le reconnoître et partit. Je remontai dans la la chambre de mon enfant ; je la trouvai baignée de larmes : elle me fit les plus durs reproches, qui me firent presque repentir du zèle que j'avois mis à la servir, mais nous étions trop avancées pour revenir sur nos pas.

» Votre fils venoit à merveille, et à son retour, son prétendu père le trouva embelli et lui fit mille caresses. Cependant je voyois, avec la plus sensible douleur, que la comtesse tomboit dans la plus grande mélancolie; sa santé s'altéra, elle perdit son lait: on fut obligé de donner une autre nourrice à votre fils. Madame de Célicour dépérissoit de jour en jour; une fièvre lente la conduisoit au tombeau. Elle me donna, un instant avant sa mort, cette lettre, en me recommandant de vous la remettre lorsque vous seriez de retour en France. Sa mort fut l'arrêt de celle d'Eléonore. Elle ne lui survécut que de dix jours, et me chargea aussi de cet écrit, qui fut mouillé de ses larmes. Le comte d'Ableville ne put supporter la perte de sa fille, et mourut peu de temps après elle. Ainsi votre fils se trouva héritier de ses grands biens, passant pour être son plus proche parent. »

J'écoutois avec le plus grand étonnement, et croyois rêver. J'ouvris les deux lettres que je transcris ici, dont j'ai gardé les deux originaux.

Lettre de la comtesse de Célicour à M. de Saint-Remi.

À Célicour, le 10 mars 1721.

« Je meurs, Monsieur, après avoir sauvé l'honneur à une femme que vous auriez dû mettre votre gloire à rendre la plus fortunée des mortelles, et pour donner un état à votre fils. L'enthousiasme de l'amitié m'a égarée, et je n'ai pu me dire combien j'étois coupable d'avoir trompé le plus respectable des époux, sans éprouver des remords déchirans qui me tuent. Ne pouvant désabuser mon mari sans exposer ma chère Eléonore à toute la fureur de son père, vous seul pouvez réparer mon crime : ayez le courage de reconnoître cet enfant, épousez sa mère, et que dans le séjour éternel où je vais rendre compte de ma conduite, je puisse apprendre que vous avez tout remis dans l'ordre. Obtenez alors de mon époux le pardon que je n'ose solliciter moi-même. Cet espoir rend mes derniers momens moins affreux.

CÉCILE D'ABLEVILLE, *comtesse de Célicour.*

Lettre d'Eléonore d'Ableville à M. de Saint-Remi. »

À Célicour, le 20 mars 1721.

« O vous, le plus cruel des hommes,

ce n'est pas assez de m'avoir précipitée dans l'abîme, il vous falloit une victime ! Ma cousine expire... après avoir adopté mon fils.... Nous n'avons senti toute la grandeur de cette faute que lorsqu'elle étoit irréparable. Puissent nos tourmens et notre mort l'expier aux yeux de l'Être suprême ! Mais vous, Monsieur, ignorez-vous les devoirs qui vous restent ? Vous n'êtes pas, comme moi, retenu par la crainte de la colère d'un père que je ne me sens pas la force de supporter : que ma lettre et celle de Cécile, que l'aveu de ma nourrice, qui seule a conduit cette étonnante intrigue, vous servent à la réparer. C'est le seul prix que vous demande la malheureuse Eléonore, pour la tendresse la plus vive qui fut jamais....

ELÉONORE D'ABLEVILLE. »

Je fus assez surpris de tous ces événemens, et me recueillis quelque temps pour savoir ce que je devois faire; puis je dis à la bonne Marguerite de garder le secret jusqu'à ce que j'eusse eu une conversation avec le comte. — Ah! Monsieur, dit-elle, vous pouvez compter sur moi, j'aimerois mieux mourir que de faire tort à votre cher enfant, à celui de ma chère Eléonore... Je repris le chemin du château de Célicour, et mon fils vint au-devant de moi. Je fus encore plus frappé de sa ressemblance avec sa mère; je l'embrassai et entrai avec lui dans le cabinet de M. de Célicour. Il prit celui qu'il croyoit son fils, et le serra dans ses bras. — Ah! mon ami, me dit-il, vous ne sauriez croire combien cet enfant m'est cher! Je ne crains pas de le dire devant lui; mais il est certain que si je le perdois, il n'y auroit rien dans la nature qui pût me consoler de sa mort, et que la mienne suivroit de près. L'enfant répondoit par des caresses aux assurances qu'il lui donnoit de son amour, et je vis alors combien il seroit cruel de le désabuser. Cependant, pour n'avoir rien à me reprocher, je pris le parti de chercher le moyen de le faire expliquer d'une manière assez claire sur notre position réciproque, afin que dans tous les temps je pusse la lui rappeler, si Marguerite trahissoit mon secret. J'attendis exprès qu'il y eut des témoins, et un jour, en sortant de table, je mis négligemment la conversation sur l'infidélité des femmes, et sur le peu de fond que l'on pouvoit faire de leur serment. Célicour étoit de mon avis, et enchérissoit encore sur tout ce que je pouvois dire. Eh bien, ajoutai-je, si on venoit vous dire un jour que cet enfant n'est pas de vous? — Je ne le croirois pas. — Mais si son père, avec une lettre de votre femme,

femme, vous en donnoit les preuves...
Célicour se lève, prend une paire de
pistolets qui étoient accrochés à sa cheminée, et dit : Voilà quelle seroit ma
réponse ; le premier seroit pour celui
qui viendroit m'arracher le cœur en
m'enlevant Célicour, et l'autre seroit
pour moi. — Vous entendez, Messieurs, dis-je en me retournant en face
de ceux qui étoient là. — Oh! oui, dirent-ils, il n'est pas de père plus tendre.
L'enfant, effrayé par l'action de son prétendu père, me dit : Vous êtes bien
méchant, M. Saint-Remi ! pourquoi
chagrinez-vous mon papa ? — Je ne le
chagrine pas, mon petit ami ; je parle
d'un fait, mais chacun a son opinion :
je ne contrarie celle de personne. Une
heure après, j'allai retrouver la bonne
Marguerite ; je lui rendis la conversation de Célicour : je lui donnai vingt-
cinq louis, et l'assurai que j'aurois soin

d'elle. Je restai encore quelques jours à Célicour, j'embrassai mon fils et me mis en route pour Paris, où je trouvai que l'homme en qui j'avois mis ma confiance en avoit abusé, et je n'en fus pas surpris. Je réalisai ce qui me restoit, et j'achetai ce petit domaine, où il y avoit vingt ans que je vivois tranquille, quand le hasard amena Célicour chez moi. Je fus frappé de son air sombre; je voulus en savoir la cause : il m'apprit ses malheurs. Je fis l'impossible pour faire repasser dans son âme cette bonne philosophie qui nous fait regarder plus paisiblement tous les événemens de la vie. Ne pouvant y réussir, j'ai écrit à Marguerite pour la prier de venir chez moi, et je vais remettre à celui qui se croit le fils de M. de Célicour, les lettres qui, en lui faisant connoître son origine, dissiperont ses remords. C'es le but du travail que j'ai fait depuis trois semaines. »

Le billet que Célicour avoit écrit à la première poste, en sortant de la Grande-Chartreuse, fut remis par le charretier à Straden. Il lui fit un sensible plaisir ; mais il ne pouvoit comprendre ce qui pouvoit tout à la fois le rendre heureux et infortuné, et il s'épuisoit en conjectures. Pour Clermont, tant qu'il ne revoyoit pas son maître, il étoit de la plus grande inquiétude. Enfin, le troisième jour, il descendit de la montagne, et s'assit au pied d'un rocher sur la route de France, bien décidé d'y rester jusqu'à ce que celui qu'il attendoit fût arrivé. Il aperçoit enfin la cariole ; il y court. — Ah! M. le marquis, vous voilà ! — Non, mon cher Clermont, je ne suis point M. le marquis de Célicour. — Oh! plaisantez tant que vous voudrez ; c'est bien vous, vous ne m'échapperez plus. — Mais je te dis que tu te trompes. — Mon Dieu, disoit-il en lui-même, est-ce qu'il est devenu fou! Straden, qui avoit entendu les coups de fouet, vint au-devant de la voiture; quand Saint-Remi fils l'aperçut, il descendit de la cariole aussitôt et l'embrassa. — Ah! mon cher marquis, quel bonheur de vous revoir! — Plus de titre, plus d'autre nom que celui de mon père, à qui j'avois bien parlé de vous, sans espérer que jamais nous serions réunis. — A Monsieur votre père! — Oui, à lui-même. — Mais, mon ami, il me semble que vous m'aviez dit bien des fois qu'il étoit mort il y a dix ans. — Non, non, dit Saint-Remi père, qui écoutoit la conversation ; non, il n'en a pas d'envie... Clermont s'approcha de l'oreille de Straden. — Ne le contrariez pas, Monsieur, vous voyez bien qu'il a perdu la raison. Ah! c'est toujours ce que je craignois... Straden n'étoit pas non plus sans inquiétude. On arriva à la porte.

Marie vint au-devant de son maître, et aida la bonne Marguerite à descendre de la voiture. Dès que l'on fut entré dans le cabinet de M. Saint-Remi, Célicour reprit la parole. — Oui, mon ami, voici mon père ; je ne suis point fils de M. le comte de Célicour, mais de M. de Saint-Remi et de mademoiselle d'Ableville. Né de l'amour, ce dieu a fait le destin de ma vie, et il l'a fait le plus infortuné. Straden et Clermont ouvroient de grands yeux, ne savoient encore si leur ami étoit dans son bon sens ; mais lorsque M. de Saint-Remi père leur eut raconté son histoire, que la bonne Marguerite attestoit, ils comprirent que tout ce que Saint-Remi fils leur avoit dit n'étoit pas l'effet de la démence. — Que vous êtes heureux ! lui dit alors Straden, et combien votre Athanaïse va goûter de plaisir à vous rendre, en vous épousant, les biens dont vous vous êtes si généreusement dépouillé ! — Elle, m'épouser ! Non, mon ami ; elle aime le chevalier d'Apremont. — Et qui vous a dit cela ? — Mais tout me le prouve ; la démarche du chevalier, son abandon total depuis cet instant, enfin le bruit public. Demandez plutôt à Marguerite ; il faut que cela soit bien connu, puisqu'elle le sait. — Oh ! je ne le savons pas ben précisément. — Et moi, dit Straden, je sais tout le contraire, et je vous en apporte des preuves : lisez cette lettre.... Et il lui donna la lettre que madame Amélie lui avoit envoyée à l'armée, en 1748. — Dieux ! s'écria Saint-Remi, que je suis coupable ! Comment ai-je pu méconnoître le cœur d'Athanaïse ? comment ai-je pu l'outrager ? Mais vous, mon cher Straden, qui vous a remis cette lettre ? — Madame de Walmore. — Quoi ! vous avez vu Athanaïse ! et depuis quand la connoissez-vous ? — Avant que je vinsse vous rejoindre en Flandre ; c'est elle qui m'a fourni les moyens de retrouver vos traces. — Quoi ! seroit-il possible ? Je ne suis pas digne d'un si grand bonheur. J'ai pu calomnier le cœur le plus tendre. Quoi ! Athanaïse daigneroit encore m'aimer ! Ah ! partons, mon cher Straden, volons à ses pieds ; mais non, j'oublie que trop de distance nous sépare. — Pouvez-vous lui faire cette injure ! dit Straden. — Ah ! Monsieur, je connois bien madame de Walmore, reprit Clermont, je suis bien sûr qu'elle vous aimera tout autant. — Et qui n'aimeroit pas mon fieux ! ajouta la bonne Marguerite ; il est beau comme sa pauvre mère. Et puis il se mit à pleurer : ce qui déplut à M. Saint-Remi le père, qui ne rioit guère, et pleuroit encore moins. — Partez, mon fils, dit-il, restez, faites tout ce que vous voudrez; mais je crois que vous devez attendre ici la réponse de vos lettres. — Mais, mon père, vous ne doutez pas que je ne puis former le projet de vous quitter, et j'espérois.... — Vous espériez bien à tort, car je ne quitterai jamais ma chaumière. — C'est me faire une loi d'y rester, reprit Saint - Remi fils. — Voilà de vos conséquences : est-ce que vous me devez quelque chose ? Je vous ai donné la vie bien sans m'en douter ; depuis vous n'avez reçu de moi aucun soin, et si le hasard ne vous avoit pas amené ici, vous n'auriez jamais su si j'existois. Prenez, je vous prie, que vous n'en savez encore rien, et que ce ne soit en aucune manière moi qui vous empêche d'aller à Célicour ; mais je crois pour votre intérêt que vous ne devez rien précipiter : je dis plus même, pour madame de Walmore, laissez son cœur agir seul, et ne la forcez pas, par une démarche publique, à se donner à vous, si ses préjugés ou ceux de sa famille la font hésiter... Je vous le répète, partez, si vous le voulez, seulement ne comptez pas sur moi. — Alors je resterai. — Pas toujours, à ce que j'espère... et vous en seriez bien fâché; mais votre bonheur sera bien plus pur, si c'est votre amie qui vous rappelle. — Et moi, je ne serois pas surpris, dit Straden, qu'elle vînt vous chercher. — Encore mieux, dit M. Saint-Remi. — Ah! je ne suis pas assez heureux pour cela, répartit le fils. — En attendant, soupons, dit le maître du logis, et nous verrons demain ce que nous ferons.

Dès que St.-Remi se fut retiré dans sa chambre avec Straden, il lui fit répéter tout ce qu'il lui avoit déjà dit, et le lui fit répéter encore. — Oui, disoit-il, je reconnois ce cœur si bon, si sensible;

oui, Athanaïse m'a conservé une tendre pitié ; mais, mon ami, rien ne m'assure que ce soit l'amour. — Quoi ! vous pouvez en douter ! répondit Straden ; quoi ! Athanaïse mourante.... — On quitte tout pour se réunir à l'objet aimé. — Mais vous avez oublié qu'elle vous croyoit son frère. — Et m'en souvenois-je, moi ? Je ne voyois en elle que la compagne que la nature m'avoit destinée ; et que sont les préjugée en comparaison d'un sentiment qui entraîne, détruit tout ce qui s'oppose à lui ! — Arrêtez, mon ami, vous calomniez ce sentiment, que je ne connois pas, il est vrai, mais dont votre amie m'auroit donné l'idée, si elle n'étoit pas gravée dans tous les cœurs sensibles et honnêtes. L'amour peut tout faire, tout entreprendre pour se réunir à l'objet aimé, lorsque la vertu n'a rien à craindre ; mais vous ne croyez pas que la cause qui enchaînoit alors celle qui se croyoit votre sœur, ne fût qu'un préjugé? Non, mon ami, vous ne le croyez pas; et les sophismes de monsieur votre père, pardonnez-moi ce mot, n'ont pas assez obscurci votre raison naturelle pour le croire: non, ce qui est reconnu comme vérité parmi tous les peuples vraiment civilisés ne peut être une erreur. Quelques exemples, tirés au hasard, ne détruisent pas l'assentiment général. Madame de Walmore a pu vous aimer assez pour mourir de douleur, mais non pour vous sacrifier sa gloire: elle eût cessé d'être digne de vous, si elle eût fait un pas de plus. — A-t-elle seulement daigné répondre elle-même à la lettre que je lui ai écrite de la Grande-Chartreuse? Son oncle a été son interprète; mais est-ce un oncle que l'on charge d'exprimer un sentiment qu'il ne peut approuver? Je crois que si j'avois rencontré

Athanaïse, et qu'aucun obstacle ne se fût opposé à notre union, elle m'auroit aussi aimé pour paroître répondre à mon amour, mais non pour en partager le délire, et peut-être aurois-je fini par être malheureux par son indifférence. Qui peut concevoir le tourment d'aimer seul l'objet même dont on a la possession ? Non, il faut mieux rester ici que de m'exposer à la faire consentir à m'épouser par la seule pitié. Ah ! si c'étoit elle qui eût perdu son rang et sa fortune, je ne balancerois pas un instant; mais venir réclamer des droits sur un cœur qui n'a peut-être pour moi que de la bienveillance, quand je ne suis plus rien? non, mon père a raison, ce seroit une démarche que la délicatesse ne sauroit approuver. Je resterai ici, je serai le plus infortuné des hommes; mais j'aurai fait une seule fois dans ma vie ce que je dois, et le sentiment de ma propre estime me tiendra lieu de bonheur. Mais vous, mon ami, comment me dites-vous que vous n'avez pas connu l'amour ? Il me semble que vous m'avez assuré que des liens vous attachoient à une compagne que vous chérissiez ? — Il n'est plus temps, reprit Straden, de vous faire un mystère de mon existence. Vous rappelez-vous d'avoir entendu parler, à mistriss Belton, d'O Lielly ? — Sûrement. — Eh bien, c'est moi-même. Cette compagne dont je vous parlois étoit l'église qui m'étoit confiée, et que la persécution m'a forcé de fuir. J'étois convenu, avec madame de Walmore, de vous cacher mon nom et mon état, afin que rien ne m'éloignât de votre confiance. Cependant, je crois que si nous restons ici, il faut mieux que je conserve celui de Straden, et que monsieur votre père ne sache pas qui je suis. Il hait les gens de mon état; il est inutile de lui donner de l'éloignement pour moi. D'ailleurs, je crois être sûr que nous ne serons pas long-temps ici, et peut-être en ce moment celle qui se crut votre sœur est-elle partie pour venir vous rejoindre. — Je ne le crois pas ; mais n'importe, soyez toujours pour mon père, et pour tout ce qui est ici, le cher Straden.

Saint-Remi le fils, pendant tous les jours qui suivirent cette explication, flottoit incessamment entre la crainte et l'espérance. Il écrivoit vingt lettres à Athanaïse, et les déchiroit ; il donnoit ordre à Clermont de seller les chevaux, puis les faisoit rentrer; il alloit, venoit; il regardoit du haut de la montagne s'il ne voyoit pas venir celle qu'il adoroit, et chaque jour qui passoit lui paroissoit un siècle. Il pressoit son père de partir avec lui, de venir voir son fils, et le philosophe souriot de toutes ses extravagances, et lui disoit. — Partez, faites encore cette folie, mais ne croyez pas que je la partage. Clermont avoit écrit à sa femme, et pensoit bien, comme Straden, que sûrement Athanaïse arriveroit. La bonne Marguérite n'entendoit rien à tout cela, et commençoit à s'ennuyer. Les êtres qui n'ont jamais connu les passions, et qui n'ont presque d'autre manière d'être que la vie animale, semblables aux plantes, languissent dès quelles sont arrachées au sol qui les a vu naître, leur imagination sans activité ne leur fait trouver aucun dédommagement à leur jouissance accoutumée. Marguerite ne voyoit dans la majesté des Alpes que de vilaines grandes montagnes, bien fatiguantes à monter ; les précipices l'effrayoient : tout cela ne valoit pas pour elle son village, les prairies, les étangs et les champs dorés d'Ableville, et elle auroit bien voulu que son fieux partît.

Plus de quinze jours s'étoient écoulés dans cette triste inquiétude; aucune réponse des lettres de Grenoble. — Non, dit un jour Saint - Remi fils à Straden ; non, mon ami, je n'y peux pas tenir plus long-temps , et dussai - je mourir de douleur , si les préjugés d'Athanaïse, où ses parens la forcent à me rejeter, il faut que je la voie, ne fût-ce qu'un jour, qu'un instant, il faut que j'embrasse mon fils... Partons, mon ami, partons, mon père n'a présentement aucun besoin de moi ; il me le répète sans cesse. Je reviendrai ici ou le plus heureux ou le plus infortuné des hommes. Si je suis uni à mon Athanaïse , je reviendrai le presser de jouir du spectacle de mon bonheur ; si Athanaïse ne répond point à mon ardeur , car je jugerai bien si c'est l'amour ou la pitié qui la décide, je reviendrai ici avec mon fils sous ce toit solitaire : nous y passerons nos jours dans la paix.

Il va trouver son père à l'instant de sa résolution. — Tout comme vous voudrez ; je crois cependant que vous avez tort, mais je n'en désire pas moins de me tromper. Clermont selle les chevaux ; Straden et Marguerite montent dans la cariole, et l'on part pour gagner la poste des Echelles. Jamais le soleil ne s'étoit levé plus magnifique ; l'air étoit pur, les oiseaux égayoient de leurs chants les boccages, que la saison paroit de la plus fraîche verdure. — Ah ! je vais la voir, disoit Saint-Remi, et son cœur s'ouvroit à la plus douce espérance. Ils avoient descendu la montagne ; ils apercevoient déjà les frontières de la France, quand tout à coup Saint-Remi presse son cheval, et part à bride abattue. Clermont le suit sans avoir vu l'objet vers lequel son maître se pressoit si fort d'arriver ; mais bientôt il aperçoit une berline attelée de six chevaux de poste, qui sortoit du pont de Beauvoisin. Saint-Remi la rejoint aussitôt, et quand il fut à la portée de la voix, il crie aux postillons d'arrêter, sans savoir encore si c'est Athanaïse qui est dans la voiture, mais son cœur n'auroit pu le tromper. — Oui, c'est elle. S'élancer de la voiture au même instant que Saint-Remi saute de son cheval, est pour tous deux aussi prompt que la pensée... Ils sont dans les bras l'un de l'autre, que ceux qui accompagnoient cette tendre amante n'avoient encore rien vu. — Ah ! c'est toi, mon Athanaïse ! — Ah ! c'est toi, mon ami, mon amant, et bientôt mon époux ! et leurs cœurs s'abîmoient dans un torrent de volupté qu'on ne peut décrire. Monsieur d'Ormont, madame Amélie, mistriss Belton, le petit Jules et Julie, descendirent de la voiture ; mais ce couple heureux ne voyoit, n'entendoit rien ; leurs âmes se touchoient et anéantissoient toute autre faculté. La cariole les rejoint ; Straden, la bonne Marguerite, Julie, Clermont, les couriers, étoient ivres de joie de cette réunion. Cependant Athanaïse et son amant se tenoient toujours embrassés ; ils craignoient, en s'éloignant un moment, d'être encore séparés. Saint-Remi couvroit de baisers Athanaïse ; elle y répondoit avec toute la vivacité de l'amour. Enfin, ils revinrent à eux, et surpris du délire où ils s'étoient abandonnés, ils voulurent en rougissant en faire des excuses à madame Amélie, qui ne leur répondit, ainsi que mistriss et M. d'Ormont, qu'en les serrant dans leurs bras. Jules aussi s'élançoit dans ceux de son père ; Straden, la bonne Marguerite, Clermont, Julie, partageoient leur joie : on s'embrassoit tous, on ne parloit point. Est-il des mots qui puissent peindre cette félicité ? — Mais où est ton père ? dit Athanaïse : c'est de lui que je veux tenir ta main. — Il est dans cette chaumière que tu aperçois au milieu de la montagne, et dont les fenêtres donnent sur cet étang. C'est dans cette humble retraite que j'ose.... — Ah! je la préfère à un palais. — Mais, si tu remontois en voiture.... — Non, non, j'aime mieux marcher à tes côtés : donne-moi ton bras, je serai plus près de toi. Jules tenoit son père par la main, et Athanaïse qui, avant les dernières lettres de Saint-Remi, pouvoit à peine quitter son lit, montoit légèrement cette côte rapide. Les dames, M. d'Ormont et Straden remontèrent dans la voiture; Julie, la bonne Marguerite, suivirent dans la cariole que Clermont accompagnoit à cheval : ils prirent la grande route, plus commode que le sentier, mais beaucoup plus longue.

Aussi Saint-Remi, sa compagne et son fils arrivèrent-ils bien avant eux à la chaumière; ils frappent à la porte, et Marie vint leur ouvrir. — Quoi! Monsieur, vous voilà! vous n'avez pas été bien loin. Mon Dieu, la belle dame! je gage que c'est madame de Walmore. — Oui, ma bonne; et sans lui en dire davantage, ils entrent dans le cabinet du philosophe, qui se lève et vient au-devant d'eux, chose bien étonnante; mais il avoit été ébloui des charmes d'Athanaïse, à qui le bonheur avoit rendu tout son éclat. — O mon père! lui dit-elle en se précipitant dans ses bras, donnez-moi l'époux que je vous dois doublement. — Il seroit difficile, quand on s'y prend de si bonne grâce, répondit M. de Saint-Remi père, d'être refusé; je ne crois pas que vous en eussiez la crainte. Mais je suis très-content que vous soyez venue le chercher : si c'eût été lui qui eût été dans votre position, il auroit dû faire les premières démarches, et si je l'avois laissé faire, il y auroit long-temps que vous seriez réunis ; mais qu'il descende dans son cœur, il conviendra qu'il ne seroit pas aussi heureux. — Oh ! je ne puis rien calculer, rien analyser dans cet instant, et je sens seulement que je suis le plus fortuné des hommes.

Les voitures arrivèrent, et madame Amélie, mistriss et le comte d'Ormont firent aussi leurs complimens au philosophe, qui les reçut sans grand empressement, et comme un homme qui se trouve contrarié d'être dérangé dans le genre de vie qu'il avoit adopté depuis vingt ans, et il sembloit leur dire à tous, excepté à Athanaïse : Mon Dieu ! vous voilà arrivés, c'est le mieux du monde, mais quand repartirez-vous ?

Saint-Remi fils, dans le premier moment de sa joie, ne s'étoit pas aperçu que le baron d'Orvigny n'étoit pas du voyage; ce qui l'étonnoit beaucoup, connoissant sa manière de vouloir être partout. — Est-ce que le baron est malade ? dit-il à madame Amélie : comment n'est-il pas venu ? — Il se porte à merveille, répondit mistriss Belton, voyant que la mère de son amie hésitoit à dire la raison qui l'avoit retenu en Normandie ; mais comment avez-vous pu imaginer que cet orgueilleux personnage.... — J'entends, dit Saint-Remi père, il trouve aussi ridicule, peut-être même davantage, que madame veuille d'un simple bourgeois, qu'il trouvoit mauvais que son prétendu neveu épousât la touchante Athanaïse. — Justement, reprit le comte d'Ormont ; et comme nous sommes destinés, d'Orvigny et moi, à être d'avis opposés, nous avons eu les mêmes querelles dans le temps où l'on vouloit vous unir. Mais pour cette fois, il a pris la chose plus au grave ; quelques choses que nous ayons pu lui dire, il est parti. — Mais où est-il ? que deviendra-t-il ? dit Saint-Remi fils. Il n'a rien ; victime de l'inégalité des partages, sa foible légitime a été dépensée dans sa jeunesse, et celui qui se croyoit mon père ne l'avoit prié d'accepter d'être mon tuteur, que pour le forcer à conserver à Célicour un asile qui lui étoit nécessaire. — Tout cela est vrai, que voulez-vous : l'orgueil et l'entêtement sont de mauvais conseillers. — Mais où est-il ? je n'en sais rien. — Quand nous serons de retour, dit Athanaïse, nous découvrirons facilement sa retraite, et j'espère qu'il entendra raison.

Athanaïse avoit déjà dit qu'elle n'exposeroit

poseroit pas encore à de nouveaux hasards un bonheur qui lui avoit déjà échappé ; mais comment faire ? M. de Saint-Remi ne voyoit pas le curé qui le regardoit comme un monstre, parce qu'il ne pensoit pas comme lui. Straden s'offrit de faire les premières démarches ; Athanaïse avoit toutes les dispenses nécessaires. Straden va trouver le curé ; il frappe à la porte du presbytère ; une assez jolie servante l'introduit dans la salle du pasteur, qui finissoit une bouteille de vin du Rhône, dont il avoit arrosé un pâté. C'étoit un homme d'une cinquantaine d'années, l'œil en-dessous et le teint livide, qui eût pu fait croire à l'austérité de sa vie, si les flacons vides et le nombre de plats qui étoient sur sa table, n'eussent attesté le contraire. Straden lui exposa le sujet de sa visite. — Moi, Monsieur, marier le fils d'un athée, d'un rénégat !

non, je ne coopérerai point à la propagation d'une semblable engeance : *que son nom s'éteigne dans une seule génération.* — Mais, Monsieur, qui vous dit que le fils a les mêmes principes que le père ? — Cela est certain, parce que le mal ne s'arrête jamais : d'ailleurs, quand cela ne seroit pas, il n'en devroit pas moins être puni de l'incrédulité de son père. *Les pères ont mangé des raisins verds, et les enfans en ont les dents agacées.* — Mais, Monsieur, vous citez là un passage à contre sens. — Qu'appelez-vous, Monsieur, à contre sens ? Je ne dis rien à contre sens, entendez-vous cela ; mais je vous trouve bien impertinent, et qui vous a dit qu'il étoit à contre sens ? Savez-vous le latin, pour dire... — Je crois le savoir aussi bien que vous; mais je sais de plus que l'on ne doit insulter personne. — N'avez-vous pas lu, puisque vous savez lire, monsieur l'athée, que... — Mais pourquoi voulez-vous que je sois athée ? — Parce que, dis-moi qui tu hantes, je te dirai qui tu es. Et, comme dit David, *dès que tu vois un voleur, tu cours t'associer avec lui.* — Mais enfin, monsieur le curé, savez-vous que je pourrois finir par me fâcher. Voulez-vous, oui ou non, marier mes amis ? — Non. — Voulez-vous bien signer les raisons de votre refus ? — Signer ! et pourquoi ? — Pour en rendre compte à vos supérieurs. — Rendre compte ! je n'ai de compte à rendre à personne ; il n'y a rien qui puisse me contraindre à faire ce que je ne veux pas : je suis de droit divin. — Eh bien, c'est ce que nous verrons. — Et moi, je vous dis, reprit le curé avec oute la douceur évangélique, j'aimerois mieux étrangler de mes propres mains un hérétique que de le marier, tant il est affreux d'être cause qu'il donne des enfans au diable. Je n'ai jamais fait qu'un mariage de ce genre-là dans ma vie, et je m'en suis toujours repenti ; c'étoit un Anglais protestant, avec une petite personne catholique dont j'étois le confesseur : mais c'étoit bien différent, si je ne l'avois pas marié, ce lord l'auroit emmenée en Angleterre, et puis, et puis.... — Y a-t-il long-temps que vous avez fait ce mariage ? — Oh ! il y a au moins douze ans. — Etoit-ce à Paris ? — Non, aux environs d'Orléans : je n'étois pas curé dans ce temps. — N'étiez-vous pas jésuite ? — Mais pourquoi me demandez-vous cela ? Eh bien, oui, j'étois jésuite ; j'ai quitté depuis cette société, et je crois que bien m'en a pris, car je sais que leurs affaires ne vont pas trop bien. D'ailleurs, le lord s'est très-bien conduit avec moi, et j'étois bien aise de jouir tranquillement de mon bien-être. Je passai en Italie, delà en Piémont, et j'ai enfin obtenu cette cure. J'y vis tranquille, mais je n'en ai pas moins de regret d'avoir fait ce mariage ; je n'en veux plus faire qu'on ne m'apporte un billet de communion, non-seulement des mariés, mais même des parens. — Ou cinquante louis, reprit Straden, en jetant une bourse sur la table. — Il est certain, dit le curé d'un ton de voix très-adouci, que les besoins des pauvres sont si grands, et les ressources si foibles dans ces tristes contrées pour y subvenir... D'ailleurs, je veux croire que le fils de M. Saint-Remi ne partage pas les erreurs de son père. Et quelle est la future ? — Vous la verrez, M. le curé, et je crois que vous pourrez vous trouver en pays de connoissance. Puis-je compter sur votre complaisance pour ce soir ? — Monsieur, c'est encore contre les lois ecclésiastiques. — Nous avons toutes les dispenses nécessaires de l'évêque d'Evreux, les autres vous regardent. — Soit, pour l'avantage des pauvres, dit le caffart, il n'y a rien que je ne fasse. J'aurai l'honneur d'aller chez M. de St.-Remi après son dîner, et de prendre son heure.

Straden sortit indigné de la bassesse de ce personnage. Il revint à la chaumière, et dit à Athanaïse : — Je crois, madame, que vous ferez ici une rencontre à laquelle vous ne vous attendez pas, et que vous serez mariée deux fois par le même ministre. — Le père Lebrun ? — Lui-même ; c'est lui qui, à ce que je crois, est curé de la montagne. — Et comment savez-vous cela ? — C'est qu'il m'a dit qu'il avoit été jésuite, et avoit marié, il y a environ douze ans, une Parisienne très-jolie et extrêmement jeune, avec un lord anglais ; ce qui lui cause de grands remords, craignant que vous n'ayez donné des enfans au diable. — Ah ! c'est le plus sot animal que je connoisse, dit Saint-Remi le père. — Qui n'en aime pas moins l'argent ; car toutes ses objections ont cédé à la bourse de cinquante louis que vous m'aviez prié de lui remettre. Il viendra cet après-midi prendre votre heure. — Je ne veux pas le voir, interrompit le philosophe, ces gens-là me crispent les nerfs. — Nous en avons besoin, dit Athanaïse. Et, si c'est le père Lebrun, je n'aurai pas plus de plaisir que vous, mon père, à le voir ; mais nous ne pouvons nous passer de lui. — Dont bien me fâche, dit le philosophe. Cependant, si c'est le jésuite dont l'histoire est jointe à la vôtre, je me fais un grand plaisir de voir la mine qu'il fera en vous retrouvant ici. Il vint effectivement après le dîner, comme il l'avoit dit à Straden : il entra avec un extérieur composé, et s'adressant à M. de Saint-Remi père. — Vous voyez, lui dit-il, que je suis le précepte de l'évangile, que je viens chercher la brébis égarée, et que, malgré que jamais on ne vous voie à nos augustes cérémonies, je n'en viens pas moins vous marquer ma joie sur le mariage de monsieur votre fils. Le philosophe ne s'étoit pas levé, et continuoit à écrire ; Athanaïse causoit avec mistriss à une croisée, et n'avoit point encore tourné la tête du côté du curé ; Saint-Remi le fils étoit le seul qui se fût empressé à le recevoir. Quand il eut fini de parler, M. de Saint-Remi posa sa plume, prit une prise de tabac et dit au curé : — Si vous me croyez dans la voie de perdition, vous avez été un peu de temps, M. le curé, sans vous occuper à m'en retirer ; mais vous ne pensiez pas, jusqu'à ce moment, que j'en valusse la peine. — Pouvez-vous croire, Monsieur... — Ah ! je crois tout, excépté en Dieu, et à la probité de ceux qui se disent ses ministres. Mais il n'est point question de tout cela, mon fils a besoin de vous pour se marier. Il faudra bien que j'assiste à la cérémonie : n'allez pas imaginer pour cela que je suis votre ouaille. Je ne vous en aimerai ni vous en estimerai davantage. En attendant, voulez-vous vous rafraîchir ? — Je n'ai besoin de rien. — A propos, dites-moi donc comment s'appeloit cette jeune personne que vous avez mariée à un lord ? — Athanaïse, autant que je puis m'en souvenir. — Et son mari ? — Le lord Walmore. A ce nom, Athanaïse tourna la tête. — Que vois-je ? dit le curé avec le plus grand embarras ; mes yeux ne me trompent-ils pas ? — Non, M. Lebrun ; je suis la pauvre Athanaïse, que la misère, quelques attraits, et les intrigues d'hommes pervers, avoient pensé entraîner dans une abîme de maux dont le terme eût été la mort. Mais oublions ces temps malheureux; le ciel m'en a bien récompensé. J'ai recouvré ma liberté, j'ai retrouvé une mère digne de toute ma tendresse, et j'épouse l'amant que j'adore. — Dieu soit loué! Que ses voies sont élevées au-dessus de notre foible intelligence! Puissiez-vous être aussi heureuse que je le désire? — Ah! c'est vous, dit le philosophe, qui êtes M. Lebrun! A quoi vous sert de croire en Dieu, et d'employer son nom, qui, s'il existoit, seroit ce qu'il y a de plus respectable, pour entraîner dans le piége l'innocence? — Monsieur, reprit le curé, vous me demandez à quoi me sert de croire en Dieu : à ne pas empoisonner celui qui me fait ce reproche.

Voilà la différence d'un athée à nous, c'est qu'il n'est rien qui puisse vous arrêter lorsque vous avez mis une fois le pied dans le sentier du crime, au lieu que nous, au moins, la crainte de l'enfer nous sert de frein. — Ah! qui n'est vertueux que par crainte cessera bientôt de l'être. Mais je ne voulois que vous faire cette question; vous y avez assez bien répondu... Je suis fort aise que le hasard nous ait fait rencontrer, et que tout se réunisse pour attester que notre Athanaïse est la plus vertueuse des femmes, comme elle en est la plus belle et la plus généreuse. — Ah! je n'avois pas besoin d'aucune preuve, dit Saint-Remi le fils : quel témoignage plus authentique, qu'un mot, un seul mot de mon Athanaïse ! — Eh bien, à quelle heure le mariage ? dit le curé, qui ne se trouvoit pas à son aise dans cette maison ; le plutôt possible. — Tout à l'heure, dit l'amoureux Saint-Remi. — Non, non, dirent ensemble madame Amélie et mistriss Belton, cela ne nous convient pas : à neuf heures. — A neuf heures, soit, dit l'ex-jésuite, je serai prêt, et vais en attendant prier le seigneur de répandre sur vous toutes les bénédictions du ciel, et il sortit promptement. — Voilà un vil personnage ! dit Amélie. — Ils sont tous comme cela, dit M. de Saint-Remi père. — Non, reprit l'amant d'Athanaïse, il en est de dignes de notre estime. — Cela n'est pas possible, mon fils, ou ils trompent, ou ils sont trompés ; ils sont tous des sots ou des fripons. — Non, il en est qui ne sont ni l'un ni l'autre. — Laissons à M. de Saint-Remi son opinion sur les prêtres, dit Straden à son ami; vous ne le persuaderez pas : quand on n'a pas l'espérance de convaincre, il vaut mieux se taire.

Cependant Amélie et mistriss Belton avoient emmené Athanaïse dans sa chambre, où Julie l'attendoit ; et parée des mains de la nature et de l'amitié, elle étoit aussi belle que dans les premiers jours de sa jeunesse. L'heure qui devoit assurer leur bonheur sonna enfin, et six ans de chagrin, de trouble et d'inquiétude disparurent devant cette heure fortunée. Qu'il est beau, le nom de ce qu'on aime ! qu'on se trouve heureuse de le porter ! et que pouvoit faire à Athanaïse l'éclat du sien ? Elle le quitte avec un plaisir extrême, pour celui de son ami, que quelquefois elle appelle son frère. L'autel est préparé ; Athanaïse, accompagnée de sa mère, de son oncle et de son amie, s'y rend d'un front serein. Saint-Remi, près de son bonheur, ne voit ni l'autel ni le ministre ; il ne voit que celle qu'il adore. Avec quel transport il répond ce *oui* solennel qui l'unit pour jamais à l'idole de son cœur ! Athanaïse ne le prononce pas avec moins d'enthousiasme. On revint à la chaumière, où Marie, avec quelqu'aide, avoit préparé un repas champêtre, que l'amoureux Saint-Remi trouvoit trop long. Le petit Jules ne comprenoit pas trop la cérémonie qu'il avoit vue, et par quelle raison, d'après ce que le prêtre avoit dit, sa tante étoit devenue sa maman; mais pourvu que son papa ne s'en allât point, c'étoit tout ce qu'il désiroit. — Non, non, je ne m'en irai pas, tu peux en être sûr, mon cher fils. — Et moi, je serai ta mère, ta vraie mère, disoit Athanaïse avec la plus vive tendresse; et elle a été fidèle à cette promesse. Jules a toujours été l'objet de ses plus chères affections. Athanaïse le caressoit, serroit les mains de sa mère, et embellie par ce tendre embarras de la pudeur, cherchoit à distraire son époux du moment qu'il attendoit avec une si vive impatience. Le philosophe s'égayoit un peu à ses dépens ; Straden, qui, malgré l'habit qu'il portoit, n'en conservoit pas moins la décence de son état, sortit de table, sous prétexte d'emmener Jules qui s'étoit endormi. Alors Saint-Remi se mit aux genoux de sa femme, et la pressa de couronner un amour si long-temps infortuné. Athanaïse hésite et désire ; comment oser faire le premier pas ? Sa mère, son amie, lui en ôtent l'embarras, et l'emportent en quelque sorte dans sa chambre, où Flore avoit paré l'autel de l'hymen. Saint-Remi père leur dit en sortant : — Bonne nuit. Je doute cependant qu'elle vaille celle à laquelle mon fils a dû l'existence ; je n'avois que vingt ans, il en a près de trente. — Mais, mon père, j'aime beaucoup plus que vous aimiez. — Ah ! cela peut être.... Allons, bonsoir, bonne nuit, et le philosophe alla se coucher. Quel doux réveil ! Ah ! que ne m'est-il permis de soulever le voile qui nous dérobe leur ivresse ! Mais qui oseroit, en célébrant la vertu, effaroucher l'innocence ? La pudeur est le coloris des grâces. Malheur aux écrivains qui la bannissent de leurs ouvrages ! Elle fuit avec ses compagnes, et ne laisse à leur place que la licence et l'audace. Mais qui auroit pu donner une idée plus vraie du bonheur de ce couple aimable qu'eux-mêmes ? Henriette et Williams reçurent l'un et l'autre ces deux lettres, que je joins ici ; elles seront les dernières que j'insérerai dans ces mémoires.

Lettre de Saint-Remi fils à Williams Walmore.

A la chaumière près les Echelles, le 6 juillet 1750.

« Elle est à moi, mon ami, rien ne peut plus m'en séparer. Qui pourroit avoir une idée de ce bonheur, si ce n'est toi, mon cher Walmore, qui connois tous les charmes d'un amour heureux et dont la vertu s'honore ? Mais si ta compagne fait ta félicité, toi, qui l'as obtenue sans trouble, juge ce que mon cœur éprouve après tout ce que j'ai souffert ! Penses-tu quel doux réveil a succédé au repos où mes sens enivrés m'avoient plongé malgré moi, lorsque je l'ai vue dormir auprès de moi, embellie des charmes de l'amour ? Un doux sourire erroit sur ses lèvres de rose, et sembloit appeler les baisers que je n'osois lui donner dans la crainte de troubler son sommeil. Elle est à moi, disois-je, rien, rien ne pourra m'en séparer. Non, ce n'est plus un de ces songes trompeurs qui, tant de fois, ont abusé mon imagination, et qui ne me livroient ensuite qu'au désespoir de la triste vérité. C'est elle, c'est mon Athanaïse, c'est l'amie de mon cœur, ma compagne chérie; elle sur qui je n'osois lever mes timides regards ; elle es près de moi dans ce tendre abandon, suite et prélude des douces jouissances. En vain je voulois respecter son repos; rien n'a pu commander à l'ardeur qui bouillonne dans mes veines : je la serre dans mes bras, et ses beaux yeux se tournent sur moi avec la plus tendre expression. Ah! mon frère, pardonne, amant, époux adoré; pardonne ce nom échappé à la douce habitude, ce nom sous lequel j'ai osé te faire les premières caresses. Non, il n'est aucun sentiment que mon cœur ne ressente pour toi... et... Mais où alloit m'emporter, mon cher Walmore, l'excès de ma joie ? Si Athanaïse lisoit cette lettre, elle ne partiroit pas; mais heureusement qu'elle écrit dans ce moment à ta femme.

» Assure ton vénérable père de mon respect..... Adieu ; madame de Saint-Remi ploie sa lettre, je me hâte de cacheter celle-ci. Adieu, mon ami ; dans peu de jours nous serons réunis. Embrasse pour moi ton petit Charles ; dans neuf mois j'espère qu'il aura une femme belle comme sa mère. »

Lettre de madame de Saint-Remi à Henriette.

[A la chaumière près les Echelles, le 6 juillet 1750.

« O mon Henriette ! ma douce et sensible amie, il est bien juste que je vous fasse partager ma félicité, pour vous dédommager du sacrifice que vous m'avez fait, en permettant à votre adorable mère de venir l'augmenter par sa présence.

» J'ai si long-temps souffert, que je puis à peine me livrer aux sensations délicieuses que j'éprouve. Le malheur laisseroit-il donc des traces ineffaçables ? Depuis que j'existe, je n'ai pas un moment de joie sans mélange, et il semble que les facultés de mon âme ne sont pas susceptibles du degré de félicité où tant d'événemens inattendus m'ont amenée. Je pense, malgré moi, aux maux qu'ont dû souffrir et ma mère et et celle de mon cher Saint-Remi ; une triste mélancolie se mêle à ma douce joie ; mais un regard de l'ami de mon cœur, la certitude que rien ne peut nous séparer, la dissipent bientôt. S'il étoit possible que mon bonheur s'accrût encore, ce seroit lorsque nous serons tous réunis à Célicour, non que cette modeste chaumière ne soit plus pour moi que le plus magnifique palais, mais c'est que j'aime ma chère Henriette, sa jolie petite Lise, son mari et l'aimable Charles, que je révère, sir Walmore, et puis d'autres raisons que je vous expliquerai... Mais Saint-Remi doit avoir fait assez d'indiscrètes confidences à Williams ; je vais y mettre fin en lui portant cette lettre, qu'il joindra à la sienne, comme nos cœurs se joignent pour vous assurer, amable amie, etc. »

Je termine ici ces Mémoires, que j'aurois pu porter plus loin; mais je suis si persuadé que l'intérêt qu'Athanaïse a inspiré peut seul soutenir l'attention du lecteur, et qu'une fois certain de son sort on ne veut plus rien savoir, que je me tais, après avoir dit qu'en vain Saint-Remi et sa femme pressèrent leur père de venir avec eux; qu'il n'y voulut jamais consentir, et qu'il leur répéta tant de fois qu'il les aimoit beaucoup, mais qu'il seroit tout aussi content quand il pourroit reprendre son genre de vie accoutumé, qu'ils le crurent et partirent, non sans lui faire promettre que s'il étoit malade il leur feroit écrire, pour qu'ils se rendissent auprès de lui. Il leur promit, avec la ferme résolution de n'en rien faire.

Je ne puis passer sous silence la conduite de sir Walmore. Dès qu'il eut appris que celui qu'il nommoit encore Célicour alloit perdre presque toute sa fortune, il auroit rougi de conserver les trois cent mille francs qui étoient restés en dépôt entre ses mains, sans que son fils en fût instruit. Il crut devoir lui en faire part, et lui demander ce qu'il en devoit faire. — Traiter avec les parens de feu mademoiselle d'Ableville, pour la terre dont elle portoit le nom; leur faire envisager qu'ils ne pourroient refuser, au fils de leur cousine, de rentrer dans l'héritage de leur aïeul. Je suis sûr, ajouta Williams, qu'ils seront frappés de cette vérité, et que cette terre, qui vaut cinq cent mille francs, vous l'aurez pour les cent mille écus d'Athanaïse. Vous passerez le contrat en son nom, et à son retour vous lui remettrez, afin qu'elle en puisse faire hommage à son mari. — Tu devines ma pensée : voilà, mon cher fils, quelle étoit ma volonté. Exécute ce plan que nous avons conçu de la même manière, et fais en sorte que tout soit terminé avant le retour de nos amis. Mon père ne perdit pas un moment, et tout fut conclu la veille de leur retour.

Ils furent bien surpris de voir les paysans d'Ableville venir au-devant d'eux, avec ceux de Célicour et de Clerville, et plus encore, quand ils apprirent qu'ils restoient en possession du superbe domaine d'Ableville. Je ne ferai pas le détail de la fête ; vous l'imaginerez peut-être plus belle que je ne la peindrois.

Saint-Remi-Célicour, car dans ce pays-là il fut impossible qu'il ne conservât pas un nom qui y étoit cher, croyoit toujours rêver, et craignoit que le réveil ne détruisît son bonheur.

En

En vain sa tendre épouse voulut engager le baron d'Orvigny à venir en être témoin; rien ne put le déterminer. Il s'étoit retiré dans une abbaye de Bénédictins, où il auroit été presqu'à la charge de ses riches cénobites, si sa cousine n'eût su trouver le secret de lui faire toucher une pension, qu'on lui fit croire être un bienfait de la cour. Il n'en jouit pas long-temps, et son humeur atrabilaire abrégea ses jours.

Amélie, ma chère Amélie, fut le seul fruit d'un hymen dont tous les jours étoient aussi beaux que celui où ces tendres époux se jurèrent de s'aimer toujours. Jamais serment ne fut mieux rempli; jamais enfant ne réunit plus parfaitement les vertus et les grâces de ses parens : qui voit Amélie, celle qui est ma compagne chérie, croit voir sa mère pour la beauté et les grâces, son père pour le courage et l'esprit. C'est ainsi que tant d'événemens, qui devoient porter le désespoir dans l'âme de ces êtres sensibles, les ont amenés au dernier degré du bonheur, et ont concouru à l'existence de celle qui assure le mien.

Saint - Remi le père vécut encore trente-cinq ans, continuant son même genre de vie. Son fils le vint voir plusieurs fois, et lui menoit toujours Jules. Le dernier voyage qu'il fit chez lui, il l'avoit laissé en parfaite santé, et il n'étoit pas revenu à Célicour, que la lettre qui annonçoit sa mort arriva. Il avoit quatre-vingt-cinq ans. Il laissa son fils le maître de récompenser ses domestiques, et demanda d'être enterré dans son jardin, et qu'on gravât sur son tombeau une inscription qui, rappelant les principaux événemens de sa vie, fût conforme à ses opinions philosophiques.

FIN DU QUATRIÈME ET DERNIER VOLUME.

www.ingramcontent.com/pod-product-compliance
Lightning Source LLC
Chambersburg PA
CBHW070522170426
43200CB00011B/2293